CHEMINS DE TRAVERSE

Emmanuel Faber

CHEMINS DE TRAVERSE

Vivre l'économie autrement

Préface de Franck Riboud

Albin Michel

À tous ceux qui font l'économie au quotidien,
à Franck et Bernard aux côtés de qui
je la vis aujourd'hui

Préface

Les histoires qu'Emmanuel Faber nous raconte dans ces pages sont à la fois exceptionnelles et en même temps assez universelles dans la vie des grandes entreprises. Beaucoup de managers à travers le monde pourraient sans doute relater des expériences assez similaires : des succès et des échecs, des conflits et des réconciliations, des rencontres et des ruptures, des grincements et des enthousiasmes, des déceptions et des espoirs, et parfois aussi des utopies.

Emmanuel Faber le fait à sa manière, très personnelle, très engagée, en partageant avec nous ses convictions mais aussi les doutes et les interrogations qui naissent parfois quand nos aspirations et nos idées se heurtent au réel et quand nous devons fatalement gérer les contradictions. Il le fait en partageant son cheminement personnel, sa quête de mieux comprendre les enjeux de l'économie et de la société, et son aspiration profonde à les faire évoluer (certains diraient à les rendre meilleurs). Il nous plonge ainsi au cœur de la pratique des dirigeants et de la difficulté de ce métier, la gestion d'équilibres entre des termes qu'on dit souvent impossibles à réconcilier : vision ou action, complexité ou simplicité, court terme ou moyen terme, économique ou social, intérêt ou gratuité ? On nous explique souvent qu'un bon manager ne doit pas douter. Je crois au contraire que la vitalité des entreprises dépend de leur capacité à favoriser des cheminements de ce type, à permettre, en interne, à chacun de réfléchir à d'autres réglages, de questionner les manières de faire et d'en proposer de nouvelles. À une époque où chaque jour démontre un peu plus les effets dévastateurs de l'excès de financiarisation de l'économie, il me paraît utile que nous continuions à chercher justement d'autres manières, d'autres réglages, plus à même d'inscrire l'entreprise dans une relation durable et mutuelle avec la société dans laquelle elle se développe.

Peut-être ces pages ouvriront-elles quelques-unes de ces voies. Je sais en tout cas qu'elles n'ont pas d'autre ambition. Comme je sais que ce doit aussi être l'ambition de tout dirigeant.

Franck Riboud

« Comme le jour dépend de l'innocence,
le monde entier dépend de tes yeux purs. »

Paul Éluard

J'ai dix ans. La petite station de ski est déserte. L'hiver a achevé de déposer au pied des mélèzes leur parure d'aiguilles rousses. Promesse de l'odeur des pins cembros dans le froid du matin. Là-haut, le soleil couronne déjà la montagne de lumière.

Encore somnolent sur le téléski, je me laisse bercer dans cette première montée par le ronronnement des poulies qui, de loin en loin, court le long du câble et vient résonner jusque dans la perche qui me tracte. Une très légère vibration dont l'accentuation progressive annonce l'arrivée du prochain pylône, tandis que l'acier froid entre mes doigts se met à gargouiller crescendo une dissonance de bruits métalliques. Carillon strident au passage du pylône, qui raye le silence. La mélodie lancinante de la poulie fait danser la perche quelques secondes. Puis les échos s'atténuent et le calme de la montagne reprend possession de mes skis, de mon corps, de mon esprit. Les pylônes se succèdent, chacun annoncé par la tonalité unique et familière du grincement de ses poulies.

Un peu plus haut, à mi-pente, le vent a soufflé quelques centimètres de neige fraîche sur la trace de montée. Les spatules cousent le long des skis un minuscule ourlet blanc, comme la vague d'étrave d'un navire. Je cale mon bâton contre un ski, dont la pointe griffant la neige fait surgir une gerbe que j'observe dans une demi-rêverie. Et voici qu'au détour d'un ressaut, la lumière rasante du matin vient frapper cette scène de plein fouet et consteller ce voile de neige de scintillements diaphanes. Dans le frisson du premier rayon tiède du soleil, sa contemplation fait poindre en moi une jubilation indicible. Elle monte et me gagne tout entier. Elle est si profonde, irrépressible, et vient de si loin qu'en quelques secondes elle jaillit en un cri à pleins poumons, les yeux fermés. Cri d'enfant suraigu, qui souffle la neige, fend le rocher, strie l'air, envahit l'instant et l'éternité. Me relie à l'univers. Et cet éclair en moi révèle le mystère du divin, une fraction de seconde. Instant fusionnel, où le rien rejoint le tout, où j'effleure un être-au-monde qui est au-delà, en deçà de tout, par la simple conscience d'être vivant.

Je crois pouvoir dire que je ne me suis jamais tant approché du bonheur qu'en ce matin éblouissant de mars, sur les pentes du Champsaur.

Combien de fois ai-je, depuis, fait ce pèlerinage intérieur qui, à pied ou à ski de randonnée, mène de la froideur des nuits étoilées jusqu'aux lueurs de l'aube, pour voir le soleil poindre au sommet des montagnes et mettre le matin au monde ?

Pendant mon adolescence, nous habitons un village du haut plateau du Champsaur, dans les Hautes-Alpes. Village tant aimé d'un frère parti trop vite vers le ciel qu'il habitait déjà. Village où ont balbutié des amitiés qui ont traversé le temps et la distance du monde entier. Village de mes amis qui sont aujourd'hui guides de haute montagne ou paysans.

À dix ans, par un matin d'hiver, j'y ai touché du doigt le bonheur.

Mais alors, pour quoi tout le reste, s'il est si facile de s'en approcher ? Pourquoi en moi cet appel à l'infiniment petit, et en même temps cette envie de l'infiniment grand, qui m'entraîne tour à tour sur les traces imaginaires d'Hannibal, de César, de Bonaparte en Italie, des alpinistes français à l'Annapurna, de Reinhold Messner, conquérant de l'Everest sans oxygène en 1978, l'année de mes quatorze ans ? Je vis intérieurement en leur compagnie, mais aussi en celle des résistants du Vercors tout proche, des compagnons de *L'Espoir* de Malraux, de Robert, Maria et Pablo dans *Pour qui sonne le glas* d'Hemingway, avec les héros des tragédies grecques d'Anouilh et de Giraudoux, et puis avec Robin des Bois, Cyrano de Bergerac et le Petit Prince. Les petits qui combattent les grands. Des combats dérisoires contre l'arbitraire et l'inéluctable. Comme cette semonce lancée un jour à une grosse dame qui vient de donner une fessée à son bambin dans un bac à sable, où je tire sur le bas de sa jupe du haut de mes trois ans : « On n'a pas le droit de taper les plus petits que soi. » Oui, ceux qui transgressent la loi du plus fort, ceux qui se battent contre les forts dont la force a viré à la violence, ceux-là sont mes amis, mes alliés, mes frères d'armes pour une bataille que j'ai alors hâte de livrer, sans rien savoir de ce qu'elle sera.

Un jour, je tombe dans une des biographies de Hugo sur

cette phrase rabâchée que tout jeune, il aurait prononcée ou écrite : « Je veux être Chateaubriand ou rien. » Quelque chose en moi s'étonne. Si j'avais été lui, il me semble que j'aurais à coup sûr choisi : « Je serai Victor Hugo ou rien. » Voilà qui aurait eu un peu plus de panache ! La question m'amuse. Alors je prends une feuille de papier et je me dessine, à la Gotlib : j'ai deux ans, je suis assis dans un parc d'enfant, entouré de cubes et d'une petite pile de livres pour faire bonne mesure, une tétine autour du cou ; je suis absorbé par la lecture des *Fondements de la métaphysique des mœurs* de Kant, que je tiens à l'envers entre mes mains. Puis je dessine une bulle au-dessus de ma tête, dans laquelle j'écris avec une gourmandise irrévérencieuse : « Je serai Emmanuel Faber ou rien. » Je contemple ce petit dessin, que je trouve plein d'humour. Vient le moment de signer cette œuvre éphémère, pour la beauté du geste. Bien sûr, le contexte de l'exercice m'incite à une pensée pour la postérité. Je suis dans ma petite chambre. Un coup d'œil à l'extérieur par la fenêtre : par-delà l'étroite ruelle, le village est endormi, et l'arête familière des toits et des montagnes marque la limite immuable du champ des étoiles. Je lève les yeux. Ce regard vers l'infini se prolonge et envahit ma délibération intérieure. La voici désormais marquée d'une certaine solennité : alors, « Emmanuel Faber » ou « rien » ? Pas si simple, comme question, finalement. Je prends encore un instant de réflexion. Je respire. Et je signe fermement : « Rien. »

Pied de nez à la grandeur de ceux qui ont peuplé mes rêves d'adolescent. Même la gloriole d'une épitaphe hugolienne ne suffirait pas à satisfaire mon désir d'absolu. Pirouette rhétorique ou pari pascalien ? Du haut de mes quinze ans, en souffletant maître Hugo sur les deux joues pour lui voler son panache, je déclare renoncer à tout héros, et vouloir ne dépendre d'aucun. Imprenable liberté. Et moi-même, en reniant mon propre nom, me tenir en retrait de l'héroïsme de la vie et choisir que rien ne restera pour la postérité. Ne rien lui laisser. Ne rien être pour demain. Juste aujourd'hui, et encore. Orgueil adolescent et doute existentiel profond, les deux entremêlés bien sûr, mais comment les départager ?

Le bonheur me semble à portée de main, tellement plus simple que toutes ces conquêtes guerrières, sportives, artistiques ou intellectuelles, pour l'enfant que je suis. Un bonheur comme une « petite chose que l'on grignote, assis par terre, au soleil » selon l'expression de Giraudoux. Mais en traçant une à une ces quatre lettres à la place de mon nom, et en ayant convoqué les étoiles à en être témoins, je pressens que toute ma vie, cette question sera devant moi et me confrontera à un choix : « Ma vie a-t-elle la moindre importance ou pas ? Suis-je quelqu'un ou ne suis-je juste rien ? »

Bien des années plus tard, une amusante galipette du destin : à côté de la machine à café du troisième étage où se situe mon bureau, au siège de Danone à Paris, est affichée une publicité de Blédina. On y voit en gros plan un tout jeune enfant, affublé de lunettes en écaille, qui tient entre ses mains, à l'envers, un livre qu'il lit d'un air concentré. Le titre et l'auteur apparaissent en gros… *Critique de la raison pure* de Kant.

Chaque fois que je passe devant, je crois distinguer sur le mur ma signature, en bas à droite, et ses quatre lettres : « Rien. » Avec ce rappel quotidien, j'ai bien du mal à comprendre que c'est de moi qu'on parle quand j'entends dire autour de moi que je suis « patron de multinationale ».

C'est que nous aimons nous coller des étiquettes ! C'est tellement facile et rassurant. « Patron de multinationale ». Mais qu'est-ce qu'un patron et qu'est-ce qu'une multinationale ? Et puis, le patron, chez Danone, c'est Franck Riboud. Aujourd'hui, il a deux acolytes, Bernard Hours et moi, tous deux vice-présidents. Et, contrairement à ce qu'on pourrait avoir envie de croire, dans ce titre qui fait très sérieux, le mot important c'est « vice » – et versa... Donc, quand on dit « patron », c'est pour simplifier. Et puis, des patrons dans cette entreprise, il y en a eu d'autres avant nous, et de plus grands que nous, et il y en aura encore d'autres. Nous ne sommes que de passage, et de service.

Patron, pour certains, cela donne plus le devoir de se taire que le droit de s'exprimer. Par bien des côtés, je les comprends. Mais qu'ils soient rassurés : sur ces vingt années plongées au cœur de l'économie, je n'ai rien à dire. Ou plutôt je n'écrirai que sur ce qui, aux yeux de tous, n'est « rien », justement. Beaucoup, à l'inverse, s'attendront peut-être à un traité plein d'assurance et d'autorité autoproclamée, fondées sur l'expérience du succès, tangible, mesurable, efficace. Comme la transmission d'un savoir-tout-faire. Ils seront sûrement très déçus. Que vous soyez de ceux-ci ou de ceux-là, si vous cherchez des preuves de vos croyances, des réassurances, des démonstrations, n'allez pas plus loin dans cette lecture. Je n'ai rien de tout cela. Que des doutes, beaucoup de questions, quelques espoirs.

Ces vingt années ont usé avec patience l'innocence de l'adolescence et l'arrogance de la jeunesse. Ne me demandez donc même pas si ces espoirs valent de vivre quoi que ce soit. Je n'en sais rien. Ce sera à vous de décider.

J'aimerais une écriture libre. Avoir le droit de me tromper, écrire d'une traite, au fil de l'eau, au fil d'une pensée qui ne parvient pas à se fixer. D'ailleurs, le chercherait-elle qu'elle ne le pourrait, parce qu'elle n'est pas aboutie, qu'elle n'aboutit pas, parce qu'elle ne sait pas où elle va. Que son seul but est probablement d'aller, sans savoir où. S'agit-il même d'une pensée ? À vrai dire, je ne suis même pas certain que ce vagabondage soit une exigence dont puisse s'accommoder un éventuel lecteur.

Pour moi, j'ai fait le choix d'écrire le matin. À l'heure où le jour n'est pas encore mangé par son lot d'urgences et de contingences, à l'heure où tout est encore possible. Et en ce premier vrai matin me viennent ces mots de Jean Sulivan, pour vous dire ce qui m'habite, et vous inviter à faire le choix de m'y rejoindre ou pas : « Écrire, c'est entrer en silence, parler à voix basse pour quelques-uns qui entrent en silence avec vous parce qu'ils reconnaissent une voix qui monte du fond d'eux-mêmes. »

Je réalise d'ailleurs en recopiant ces lignes que j'ai autant envie de relire que d'écrire. Aussi ces pages seront-elles émaillées d'écritures qui diront mieux ce qui m'est précieux que je ne saurais le faire moi-même. Oui, cette écriture ne peut rien être d'autre pour moi que halte sur un chemin, nourriture prise en hâte, sans prétendre s'installer, « ceinture aux reins et sandales aux pieds », dit l'Exode. Parole qui est elle-même chemin, à l'écart des dogmes où elle a cherché l'oxygène pour grandir, au gré d'une pensée buissonnière.

L'écriture comme une halte. À dire vrai, de Kant, je n'avais rien lu lorsque je l'ai brièvement immortalisé sur mon petit dessin. C'est en prépa, deux ans plus tard, que je le découvre, guidé par le questionnement infaillible d'un prof de philo grâce auquel nous progressons pas à pas dans la lecture austère des *Fondements de la métaphysique des mœurs*. La question du pourquoi de mes actes me taraude et je trouve dans sa pensée une réponse à son enjeu : « Agis comme si la maxime de ton action devait être érigée par ta volonté en loi universelle de la nature. » Et puis aussi cette évocation mystérieuse : « Deux choses remplissent l'esprit d'admiration et de crainte incessantes : le ciel étoilé au-dessus de moi et la loi morale en moi. » Textes gribouillés, cochés, tachés, portés, usés dans des poches de sac à dos.

HEC est un peu une déception. Des approximations y sont parfois élevées au rang de science, des slogans proférés comme théorèmes. Le doute y est bien peu pratiqué. Nous sommes abreuvés de technique : comptable, financière, marketing, commerciale, industrielle. Des moyens puissants, mais pas une question ne porte sur le pourquoi. J'écris un jour au directeur que j'ai emprunté beaucoup d'argent à ma banque pour financer mes études et que j'attends plus de l'enseignement que nous recevons. Entretien décevant. Et puis, en dernière année, un cours intitulé « Culture, pouvoir et identité dans l'entreprise ». Enfin, nous touchons à la question du pourquoi ! J'en ressors avec une ferme conviction que je peux résumer ainsi : le but ultime, conscient ou inconscient d'une organisation (donc d'une entreprise), est d'assurer sa survie, et celui du pouvoir qui est à sa tête, d'y rester ; tout le reste n'est que moyen pour y parvenir.

Nous sommes à la fin des années 1980, c'est l'explosion de la finance en France. Elle est partout et sa puissance paraît sans limite. Toutes les situations de la vie semblent pouvoir être exprimées sous forme d'équations optionnelles, valorisables à coups d'équations et de formules pour créer des algorithmes de décision irréfutables. Black, Scholes et autres théoriciens des options financières ne me paraissent plus avoir de secret. D'un seul coup, les liens de causalité s'estompent. L'équation est totalisante. Dotée d'une telle puissance rhétorique et de l'invincibilité avérée de l'efficience des marchés, la finance semble avoir le pouvoir de mettre la réalité au monde et de lui indiquer sa visée téléologique. Alpha et oméga.

Ma soif de liberté ne peut tolérer que je sois réduit à en être l'esclave. Je n'ai aucune envie qu'elle dicte mes choix professionnels. Je serai de ceux qui l'utilisent et non de ceux qui sont voués à la subir. Elle induit en moi un mélange de fascination pour sa puissance et de défiance instinctive, immédiate car je n'aime pas les puissants, et parce que rien ne m'est plus jouissif que de transgresser leurs règles. J'aurais pu entrer en résistance, mais à la sortie d'HEC, je choisis l'infiltration et le risque de la compromission. Je ne sais pas où elle me mène.

Après une spécialisation en « majeure finance, mineure stratégie », je pars travailler chez Bain & Company : conseil en stratégie. Quelques mois auparavant, pour mon stage de fin d'études, Bain & Co m'a proposé un salaire presque double de celui offert par McKinsey et de travailler à Londres, sur une très grosse OPA. J'ai accepté. Je n'ai encore rien fait, mais je me sens déjà valorisé. Impression grisante. Court séjour à Boston, Londres, et puis retour à Paris. Équipes jeunes, sympathiques, à qui rien ne semble faire peur.

Le premier matin, nous partons tout de suite chez un client, une grande entreprise française. Mon patron d'équipe est avec moi, dans le taxi, et m'explique ce qui va se passer. Le chauffeur, qui a dû commencer plus tôt que nous, semble emporté par le rythme brésilien à la radio que scandent ses mains sur le volant. Sans ménagement, le manager l'apostrophe pour lui demander de faire taire tout cela. Coup d'œil las dans le rétro en guise de « Bien, monsieur ». Retour à la réalité parisienne. Pour commenter la fermeté de cette injonction dont il voit qu'elle m'a un peu interloqué, mon patron me donne la première explication de la journée : « Dans le taxi, nous travaillons. C'est le client de la firme qui paie. Les chauffeurs doivent comprendre que tu n'es pas du même monde. » À vingt-deux ans, j'étais déjà impressionné d'avoir pris pour la première fois un avion en *business class*, au cours duquel une hôtesse affable m'avait tendu une coupe de champagne dès mon arrivée... Ce matin, le confort du taxi G7 « Club Affaires » (de rigueur) me semble signifier aussi mon accession à un niveau insoupçonné. Et voici qu'il est désormais formellement établi que j'ai changé de monde !

J'aurais du mal à décrire ce que je ressens. Un mélange de surprise et d'effroi, mais indéniablement aussi un imperceptible frisson de contentement qui me monte à la gorge, et qui brusquement me fait voir les choses d'un autre regard. Intérieurement, un coup d'œil en arrière, vers les pentes de mes Alpes lointaines. Je songe à Emma Bovary et Bel-Ami mais chasse très vite cette pensée. C'est maintenant clair, et mes émoluments ne font que le confirmer : je fais quelque chose d'important. Quelque chose qu'une race d'hommes à part va mettre au monde, pour le rendre plus efficace : le capitalisme hyper-financier. Nous portons les gènes des raiders boursiers, des arbitrageurs, de ceux qui ne voient le présent que comme l'opportunité d'un calcul optionnel, l'occasion d'un pari à gagner. Dans ce monde-là, l'entreprise n'a pas d'autre dessein que celui de « maximiser la valeur qu'elle crée pour ses actionnaires ». Elle n'est qu'un support au service de la finance.

Et en vingt minutes de trajet en taxi ce matin-là, les questions que nous nous posons sur la situation de notre client n'ont en effet que cette visée : *Maximize shareholder value*. C'est alors la première fois que je me pose la question « pour de vrai ». Combien de fois l'ai-je entendue depuis ? Lue dans les ouvrages les plus réputés de finance. Susurrée avec gourmandise par des banquiers d'affaires venus vendre l'idée d'une opération d'acquisition rémunératrice (pour eux). Proférée comme une bulle papale d'excommunication par des investisseurs financiers déçus. Prononcée sentencieusement par des décideurs soucieux de reléguer très vite au rang de dommages collatéraux les conséquences des décisions qu'ils prennent.

Je mets pêle-mêle dans une poche mal fermée mon embarras intérieur (il y rejoint les *Fondements* de Kant...), la musique brésilienne et mon empathie à l'égard des chauffeurs de taxi. Je viens d'abaisser une barrière mentale qui mettra du temps à se rouvrir.

Cinq années passées dans le conseil en stratégie et dans la banque d'affaires, entre Londres et Paris, où notre équipe conseille de grandes entreprises dans des opérations d'acquisition, me donnent le loisir de découvrir jour et nuit, de l'intérieur, les rouages peu reluisants de leurs décisions au plus haut niveau. Et m'ancrent finalement dans cette conviction : le pouvoir et l'argent ne servent ultimement qu'eux-mêmes et rendent fous ceux qui les servent à leur tour. Les autres vivent dans l'envie et la peur. Très peu pour moi. Je griffonne ces mots un jour, dans la marge des *Fondements* : « Les moyens sont la borne basse de la morale de mon action, et les mobiles en sont la borne haute. »

Or voilà que très vite, après la décennie de l'argent, apparaît une mode, venue des États-Unis : celle de l'« entreprise citoyenne ». Le mur de Berlin vient de tomber et le capitalisme n'a plus d'ennemi, plus d'alternative idéologique. Au début des années 1990, on parle librement et sans complexe de « capitalisme moral ». « Bernard Tapie à l'Élysée », titre un magazine. Les livres de management bruissent du mot d'« éthique ». Là, c'est le comble ! J'imagine Kant se retournant dans sa tombe, lui qui nous a laissé un si joli morceau de philosophie sur la moralité du marchand, lui qui a affirmé que l'apparence de la moralité à d'autres fins qu'elle-même était immorale, et qu'être moral par intérêt était impossible.

Devant ce déferlement de bonne conscience à deux dollars, je n'y tiens plus. Ma collaboration s'arrête là. J'écris, pour moi-même d'abord, un texte (touffu et compliqué) qui sera mon petit testament au monde de mes affaires. J'ai bien conscience que personne n'aura que faire de cette indignation juvénile d'un anonyme, mais elle s'impose à moi. Je veux dénoncer l'« OPA sur la morale ». L'éditeur qui décidera de me publier, Pierre Vallaud, qui dirige la collection « Pluriel » d'Hachette, souhaite un autre titre. Ce sera finalement *Main basse sur la cité.*

J'ai vingt-six ans, je suis banquier d'affaires. Me voilà sur France Culture, un samedi matin de printemps, invité par Alain Finkielkraut à débattre de la question avec Olivier Lecerf, président de Lafarge, qui quitte ce monde du business après y avoir passé quarante ans. Je n'y suis que depuis quatre ans. Je ne le connais pas, et malgré toute la bonne foi et la sincérité que notre amitié m'apprendra à lui reconnaître plus tard, je reste ce matin-là inflexible sur le fond : l'entreprise ne peut ni ne doit être citoyenne. Elle n'a qu'un seul but : servir ses propres intérêts. Qu'on ne l'en détourne pas, et qu'on s'en protège par ailleurs. Et je démontre que toutes ces thèses éthiques ne sont que des paravents pour accroître ou pérenniser son pouvoir. Non à la mercantilisation de la société civile et de la vie privée !

Dans la pratique, je sens combien la rigueur de ma position est difficile à tenir, mais je n'en vois alors aucune autre moralement acceptable. Les mots terribles de Bernanos et du sociologue Jacques Ellul sur la technique résonnent en moi et me paralysent, tant ils me paraissent prophétiques. Je suis scandalisé par le détournement de la morale au profit du profit. Une OPA sur la morale, oui, c'est bien de cela qu'il s'agit lorsque l'entreprise parle de sa citoyenneté. Je vomis cette bonne conscience qui dégouline dans les cercles parisiens, rive droite comme rive gauche, à coups de mécénat, de fondations et de chartes éthiques placardées jusque dans les journaux. Des patrons se paient leur bonne conscience avec l'argent de leurs actionnaires. Alors que je vois combien cette stratégie du pouvoir sert sa propre pérennité.

Écœuré, je renvoie producteurs et consommateurs dos à dos dans un même esclavage servile. Qu'avons-nous fait de notre liberté ? Le dernier chapitre de mon livre appelle à la démobilisation générale. Et en conclusion : « *Deus ex machina*, ou la machine créatrice de divinité. Pour faire cesser le scandale de cette confiscation de notre propre humanité (...), c'est à nous et à nous seuls qu'il incombe de reprendre ce qui nous appartient : le sens et le temps. » Je perçois bien que le rigorisme implacable de mon raisonnement, qui tente de contenir l'économie dans la gangue de son égoïsme, ne laisse aucune place aux intuitions de mon enfance, à la fulgurance de ces naissances au monde lorsque se « dévoile » la réalité, à la poésie de la vie et à sa légèreté évanescente. Mais j'ai pour l'altérité et la gratuité une telle vénération que je ne parviens pas à risquer leur intégrité en autorisant l'agir économique à leur donner droit d'asile. Je suis persuadé qu'elles y seraient bafouées, foulées aux pieds, travesties, violées par l'insidieuse ignominie de l'intérêt.

Plongé dans la lecture ardue de Lévinas, je me demande au nom de quoi il est possible d'autoriser ce meurtre prémédité, quand le « Visage de l'Autre » s'avance à la rencontre du mien et que le silence de son regard me dit : « Tu ne tueras point. » De l'accueil seul de ce Visage, poursuit Lévinas, dépend la naissance de ma propre humanité. Je ne deviens homme que dans le processus par lequel et dans la mesure où j'ai reconnu son humanité. Mais alors, faut-il la refuser aux acteurs de l'économie ? Après tout, pourquoi pas, puisqu'ils ne sont plus que des « ressources humaines » ? J'écris bien que les gardes-fous ne guérissent pas de la folie. Mais en même temps, comment admettre que l'économie condamne ses acteurs à l'amoralité ? Si c'est cela, l'économie où je passe douze heures par jour, où est la vie, celle que j'ai désirée, celle que j'ai entraperçue ? Comment est-elle possible ? Je me sens séparé de moi-même, condamné à l'exil intérieur par ma propre formulation.

Pour exorciser cette schizophrénie, figure un avertissement en première page de mon livre, que j'ai rédigé à la dernière minute, un matin dans le métro : « Ce livre voudrait chasser les marchands du Temple. Pour la dignité des marchands, et pour celle du Temple. Car tous, nous sommes à la fois marchands par existence et temple par essence. » L'essence et l'existence. C'est dans l'interstice entre les deux que plusieurs années plus tard s'ouvrira la porte secrète vers la lumière, vers un autre possible.

« Tout conspire à nous mettre en présence d'objets que nous pouvons tenir pour invariables. »

Henri Bergson,
La Pensée et le Mouvant

En cette fin d'après-midi d'hiver 1995, le jour baisse déjà lorsque le train quitte la gare des Houches, en Haute-Savoie. La descente vers la vallée commence doucement, dans le brouhaha des conversations. Rythme du roulis sur les rails, interrompu parfois par le cri des freins. La voix nasillarde d'un haut-parleur assourdie par la neige égrène les étapes familières : Saint-Gervais-le-Fayet, Sallanches…, la chaleur du compartiment, la buée sur les vitres et la blancheur extérieure qui s'assombrit lentement, tout porte à une douce somnolence. Magali, assise en face de moi, discute avec une jeune et sympathique infirmière, si je me souviens bien. Rumeurs de leurs voix.

Mais c'est un autre voyage que je viens de commencer : calé entre mon sac à dos et la vitre froide, je plonge avec George Steiner à la redécouverte d'Heidegger. Et cette fois-ci, je trouve le « passage ». C'est un moment indescriptible. Subjugué par l'échappée phénoménologique, entre essence et existence, qui enfin s'ouvre devant moi, je *vois.*

Ferme les yeux, me dis-je. Non. Ferme-les vraiment. Plus longtemps, suffisamment pour te souvenir. Laisse venir et s'installer le silence.

Voici que vient à toi le temps de l'enfance. Ce temps où tout était simple. Retrouve au fond de ta mémoire le temps de ces étés sans fin. Où toute plage était un univers de richesse infinie, de possibles illimités. Dune, chaque ondulation de vent ou d'eau. Suave, la brûlure du sable sous la plante de tes pieds. Délicate, sa fraîcheur entre les orteils qui s'y enfonçaient.

Tu étais capable de laisser la peau de tes doigts s'émerveiller de la finesse de l'ouverture lisse et nacrée d'un coquillage. Apprivoisé par cette caresse, il livrait à ton oreille attentive le chant assourdi des secrets de la mer.

Alors le temps n'existait plus, et la durée prenait des formes malléables, dont toi seul connaissais les détours, les torpeurs languissantes, les accélérations fulgurantes. Le grondement, proche ou lointain, de l'eau en mouvement y rythmait les pulsations de la vie, l'inspiration silencieuse de la houle, la seconde d'apnée où la vague retient son souffle, avant le fracas du déferlement, l'expiration de l'écume, et le brasillement du sable qui reprend sa respiration au retrait de l'eau. Rythme des heures de marée qui étaient tiennes et leurs, formant et déformant l'espace, entre le temps des châteaux forts, de leurs douves, et de leurs digues à marée montante, et celui des barrages et des retenues d'eau claire à marée descendante.

L'été : un temps dont aucune mécanique horlogère n'aurait pu rendre compte, presque un pays.

Combien de fois ai-je fait l'expérience de secondes qui durent des heures, et d'heures passées en à peine quelques minutes ? Vécu ces moments de bonheur intense où le temps semble suspendu, et ces plongeons dans la douleur d'instants où hier ne sera plus jamais ? Quelle est donc la réalité ? Peut-elle vraiment exister extérieure à la conscience qui l'appréhende ? Est-elle ce temps mesuré par un mouvement d'horloge, celui qui s'affiche sur tous nos écrans de téléphone mobile, celui de l'horloge atomique ? Il rend si mal compte de notre propre appréhension du réel : combien de fois sommes-nous « pris par le temps » ? La réalité n'est-elle pas plutôt cette durée, complexe, mouvante, dont Bergson a exploré les limites aux frontières de notre conscience, et dont nous touchions la ductilité lorsque nous savions encore accueillir la vie ? Dans ce temps-là, chaque seconde est une parcelle d'éternité. Elle y est faite de la même matière, tissée de la même fibre. Ferment de la même joie, elle lui appartient tout entière. L'ici est relié au partout par les mêmes portes dérobées de la physique. De l'attention, de l'intention même, que je porte à cette évidence, dépend le réel. Oh, bien sûr, pas celui que les « données immédiates » m'imposent lorsque je suis hors de moi, mais le réel tel que tout mon être est capable de lui donner naissance lorsque tous mes sens sont reliés à ce lieu unique où naît la vie en moi.

En titubant pas à pas sur le *Weg*, le chemin d'Heidegger, ballotté par le roulis du train, je touche l'émotion de Champollion déchiffrant la clé des hiéroglyphes. Après cette lecture, plus rien ne sera pour moi comme avant. Me voilà désormais autorisé à vivre le réel comme une expérience dévoilée et pas seulement à le penser comme un objet extérieur à ma conscience. Je viens d'avoir trente ans, et soudain l'intuition de mon adolescence est attestée, authentifiée : non, tout cela n'était pas simplement un rêve d'enfant, tout cela, qui n'a jamais trouvé langage pour se dire, a été et donc est pour toujours. Je le *sais* maintenant.

Pour célébrer ces instants, je ne peux résister à l'envie de relire une page qui, plusieurs années après ces événements, a éveillé en moi la même résonance.

« *Il faut tenter en somme de sortir de la fascination du visible, du tangible, pour rejoindre l'œuvre ou le rêve d'amour avant sa glissée dans la réalité, avant sa coagulation. Un instant avant que tout n'apparaisse définitif.*

Rejoindre l'œuvre dans l'espace où elle est en flottaison. Cet espace ne sera jamais aboli – même après sa dévastation sur terre. À combien de destructions de la vraie ville survit la Jérusalem céleste ? Dans cet espace éminemment réel – le mundus imaginalis *des mystiques – demeure à jamais la trace de la lumière fertile. C'est l'espace de l'éros créateur, l'espace divin. (...)*

S'attarder ensemble sur le seuil de la chapelle Sixtine, les yeux rivés sur la coupole vide avant le premier coup de pinceau de Michel-Ange.

Errer dans les chantiers du monde, sur l'emplacement de la mosquée Bleue ou de l'abbaye du Thoronet quelques jours avant le premier coup de pioche quand y paissaient encore les moutons et y cabriolaient les chèvres.

Marcher la nuit dans New York et y entendre bruire la forêt sacrée des Iroquois. »

Christiane Singer,
N'oublie pas les chevaux écumants du passé

En ces lieux inexplorés aux confins du temps et de l'espace éclôt l'humanité du réel. Rien de l'économie telle que nous l'avons théorisée ne peut les atteindre. Car c'est en ces endroits-là qu'une maison, un jardin, un champ n'ont pas de prix. Non, contrairement à tous les calculs d'options, à la rationalité des théories, tout n'a pas un prix. Pour en arriver à affirmer l'inverse sans l'ombre d'un doute, et prétendre que la capitalisation financière et sa modélisation mathématique peuvent être et doivent être le seul fondement des mécanismes de l'économie, il faut des décennies de dérive scientifique et de simplification utilitariste de la matière économique.

Que le temps, plus que la durée, et le calcul quantitatif, plus que la complexité infinie de l'échange, soient des simplifications utiles à l'organisation des structures de la vie collective, comment en douter ? Que ces outils soient nécessaires pour relever l défi de l'intersubjectivité posé par la phénoménologie, c'est probable. Qu'ils soient monstrueusement réducteurs, pourquoi ne pas le reconnaître d'emblée ? C'est la tentation de la science, économique ou non, de croire pouvoir tout comprendre, tout savoir, tout mesurer et contrôler, tout expliquer, tout de suite. Se suffire à soi-même, au risque de simplifier, d'imposer, de coloniser la pensée et le monde. Au risque de dévaloriser ce qu'elle ne peut mesurer. Au risque de dévitaliser la pensée, de négliger, voire de tuer ce qui est pourtant l'essentiel : insaisissable, fragile, fugace, immatériel, ce qui est le plus humain de notre expérience humaine, cette petitesse qui fait sa seule grandeur. Même si elle jaillit de la diffraction de la lumière sur la géométrie d'un cristal de neige, la joie d'un enfant qui le relie à l'univers peut-elle se poser en équation ? Et pourtant, ne constitue-t-elle pas le plus précieux du réel ?

Voici l'invitation phénoménologique : quitter la prison rassurante de la rationalité toute-puissante ; entrer, prendre le risque de s'aventurer sur les chemins de l'essence derrière le masque de l'existence. Derrière le mur du cartésianisme, du rationnel, du pseudo-scientifique, se révèle alors une autre réalité, aux confins de la conscience.

« Un autre monde est possible », scande le slogan altermondialiste né à Porto Alegre. Absolument. Non seulement il est possible, mais il est déjà là ! Ce qui est possible à chacune et chacun d'entre nous, c'est de le faire émerger, de lui donner corps, de reprendre souffle dans cette course à laquelle nous nous astreignons parce que nous ne remettons pas en cause les évidences. C'est à une conversion du regard, de l'esprit, à un éveil des sens que nous sommes invités pour quitter la dictature du chiffre et son emprise sur l'espace et le temps. Le rationnel est le royaume de la déduction, et la déduction ne crée rien : elle ramène au contraire toujours tout à son propre système totalitaire. Un grand appel d'air : celui de l'intuition, prendre ce risque pour créer du nouveau. Et vivre à nouveau.

Oui, vivre : c'est de cela qu'il s'agit, car lorsque nous acceptons à ce point de réduire notre champ de conscience pour mettre en œuvre des décisions au nom des seuls raisonnements et des supposées injonctions économiques, lorsque nous ignorons ou feignons d'ignorer les enjeux sociaux, culturels, naturels des décisions que nous prenons en tant qu'acteurs économiques, nous nous mettons en exil de nous-mêmes, exclus de notre propre conscience, de ce qui fait l'humain de notre humanité.

Redécouvrir l'essence sous-jacente de l'économie, la vie souterraine, secrète qui coule dans les veines de nos décisions, de nos arbitrages, de nos sentiments, de nos sensations, redécouvrir la relation en tant qu'essence même de l'agir économique, accepter, chercher la confrontation à l'altérité et les choix auxquels elle nous conduit en conscience, se laisser glisser dans le flux de la vie qui vient d'avant nous et nous traverse vers un futur sur lequel nous n'avons pas prise : voilà l'enjeu d'une phénoménologie économique, qui seule, au risque de tâtonner, pourra nous mettre sur le chemin d'une réconciliation avec nous-mêmes.

Y a-t-il plus urgent ? Pour ma petite vie à moi, non. En refermant le livre par lequel Steiner m'a guidé sur le chemin d'Heidegger, je sens qu'il y va de mon unité intérieure. C'est à faire une place à ce pari que j'emploierai désormais chaque journée. Car s'il y a une moindre chance d'échappée, maintenant que je *sais* qu'elle existe, rien d'autre que de la tenter ne pourrait justifier, en restant engagé dans ce monde, que je refuse plus longtemps d'aller vers ce qu'il m'a été donné de vivre entre ciel et neige un matin de mars, alors que j'avais dix ans.

Caresser d'une main distraite ce bonheur dans les alpages du Queyras, le partager avec les chèvres sur le seuil de la liberté au grand matin, après la traite, dans les hautes herbes du plateau d'Emparis, face à la Meije : quel sacrifice, dans une vie qui peut s'arrêter demain, que de différer ces instants précieux, de consentir à n'y accéder que dans de rares moments de répit, ou même à ne les vivre que dans leur résonance intérieure ! Quel sera donc cet aperçu du nouveau, ce goût de la liberté, cette sensation intime de reliance à un tout, qui puisse s'insérer dans chacune de mes journées à Paris, Shanghai, New York, Dacca ou ailleurs, et qui incarnera ce bonheur des cimes dans ma réalité quotidienne ? Cette brise du matin, la sentir au cœur même de ce que je vis, tous les jours, c'est la seule condition que ma liberté puisse poser pour accepter de rester pleinement acteur dans ce monde-ci.

Oh, bien sûr, il faut consentir tout de suite à ce que rien ne puisse être juste dans cette ouverture, sans que cela soit d'abord (et peut-être seulement) un chemin intérieur. Et je sais d'avance aussi que s'y succéderont le sublime et le désespoir, au gré des marées de l'âme et des vents célestes, sans aucune autre attente que l'espoir de traverser la nuit, en marchant vers l'aube qui montera en moi.

Plonger au cœur du capitalisme financier et de l'économie de marché pour y voir poindre une aurore. Sur le faîte d'un toit, ou au bout d'une rando à ski, je n'ai jamais bien su ne pas partager l'émerveillement du petit matin. Alors si, par-dessus le mur de Wall Street, d'autres l'aperçoivent aussi, nous sourirons ensemble.

Quelques mois plus tard, je suis à New York, 9 heures du matin, 1491, Avenue of the Americas. Je marche, dans le soleil.

Dans trente minutes, nous bouclons une opération capitale pour l'avenir du groupe industriel de la famille Legris, que j'ai rejoint deux ans auparavant comme directeur financier : la fusion de PPM, l'un des leaders européens du matériel de levage (des grues mobiles), avec Terex Corporation, un fabricant de gros engins de chantier américain qui souhaite renforcer son implantation en Europe.

En quelques secondes, les dix-huit derniers mois défilent : travail acharné, presque inhumain, avec une petite équipe. L'une des premières décisions qu'il a fallu prendre en arrivant a été d'adosser cette filiale, qui perd 100 millions de francs par an, à une entité plus importante, dont elle sera le cœur de métier, et tenter d'en sortir dans des conditions qui ne rompront pas l'équilibre déjà fragile des finances de tout le groupe : quelques mois après mon arrivée, nous n'avons pu honorer une échéance bancaire.

Car depuis le début de la guerre du Golfe, en 1991, et la crise de l'immobilier en Europe qui a suivi, le marché des grues mobiles a chuté de 80 % en trois ans. À Montceau-les-Mines, où est implantée l'usine principale de PPM, il y a bien longtemps que le chômage technique a été mis en place, comme ailleurs dans les sites de production, en Italie, au Portugal et en Floride. Mais il a fallu surtout mener deux plans sociaux pour réduire les effectifs de Montceau de près de 70 % par rapport au pic de l'activité, pour cette usine qui a compté plus de mille cinq cents salariés. Mille salariés sur le carreau, dans un bassin d'emploi, proche du Creusot, déjà complètement sinistré.

Le patron de PPM, Michel Genevois, est du coin : des grues, il en a construit toute sa vie. Il a commencé par en dessiner, dans les bureaux d'études. Avant de diriger cette entreprise, il était le patron industriel de Potain, leader mondial des grues à tour pour les chantiers (autre filiale du groupe), dont les usines sont aussi dans le Charolais. Un homme exceptionnel. Il a fait les listes de licenciement, la rage au ventre, le cœur lourd. Après le second plan social, Michel nous confie, en roulant les « r » sous sa moustache : « Les gars au chômage technique viennent au travail quand même : ils préfèrent repeindre les zonages de sécurité dans l'usine et ranger l'atelier maintenance plutôt que d'aller boire au bistrot ou tourner en rond chez eux. C'est ça, leur dignité. » Il est déchiré. Il a tenu la barre de l'entreprise pendant cette crise interminable, ces négociations si dures, assumé les prévisions de commandes sans cesse moins bonnes que les précédentes, les demandes de trésorerie complémentaires, pour tenir un mois de plus.

Tout cela est bientôt fini. Au même endroit, à la même heure, je me suis endormi en marchant, quelques mois auparavant, épuisé de fatigue après deux nuits blanches consécutives de négociations, à Paris puis à New York, lors d'un de ces allers-retours de moins de vingt-quatre heures. C'était dans le froid de l'hiver, et les plaques de fonte exhalaient leurs volutes de vapeur tépide. New York l'hiver, ses bretzels chauds au coin des rues, et ses sans-abri dormant sur un carton ou poussant un caddie dans la pataugeoire glaciale des trottoirs enneigés. Oui, l'économie crée de la richesse, mais pour qui ? Car elle traîne aussi la pauvreté et l'exclusion. À Montceau-les-Mines, comme ici à New York. Et cette question lancinante : qu'y puis-je, moi qui fais déjà le grand écart par-dessus l'Atlantique ?

Maintenant, je ferme les yeux. Quelques pas en plein soleil. Tumulte des klaxons des taxis, mélopée des sirènes de police, cavalcade des grosses berlines américaines, dont les flancs lourds semblent rebondir lorsque leur galop écrase une bouche d'égout dans un claquement mat de pneumatiques, concert mécanique dans une odeur indéfinissable de béton et de goudron.

Marcher dans New York et « y entendre bruire la forêt sacrée des Iroquois ». En ce matin de mai, c'est le printemps : les yeux fermés, lumière éblouissante qui danse sous les paupières, la douceur du soleil sur le visage, une légère brise qui descend de Central Park. Rumeurs adolescentes qui murmurent à ma conscience l'aveuglante luminosité des plages dans la torpeur solaire, après le tumulte des vagues et la gifle de l'écume. Quiétude. Des bribes des *Mémoires d'Hadrien*, posé sur la chaleur du sable, flottent à la surface de ces quelques secondes de rêverie, le temps d'une longue inspiration.

Dix minutes plus tard. Je rejoins mon copain Hervé (qui a tout fait). Salle de réunion d'un cabinet d'avocats : derrière la paroi vitrée se dresse la forêt d'acier des gratte-ciel, et cent mètres plus bas, le ballet des taxis jaunes se mêle au flux des piétons. Au-dessus, le bleu du ciel. Sur l'immense table, des dizaines de documents paraphés, signés, reliés, scellés pour certains. Tout est prêt. Étape par étape, les équipes suivent le *closing memorandum* de dix pages, qui pour la dernière demi-heure de compte à rebours décrit minute par minute le déroulé des opérations juridiques et financières à mener pour déboucler le deal. À l'heure prévue, un appel des banquiers de la côte Ouest (où il est 7 heures du matin – ils ont travaillé toute la nuit) qui lèvent les *junk bonds* pour refinancer entièrement la société issue de ce rapprochement : *We are closed.* Ça y est, c'est fait. Un court moment d'effusion. Je préviens Pierre-Yves Legris, mon patron, d'un bref coup de fil. À Paris, il est 16 heures, notre équipe relâche dans la seconde les ordres de virement pour rembourser intégralement six banques qui n'espéraient plus grand-chose depuis longtemps. Dans la salle d'un immeuble de la Défense où nous les avons réunis, en plein milieu d'un pont du mois de mai, un de nos banquiers craque et fond en larmes. Il était le dernier à nous soutenir encore au sein de sa grande maison, qui avait préféré dénoncer son prêt deux ans auparavant et, comme beaucoup d'autres, transmettre le dossier PPM au contentieux.

Par la magie de la finance, la cession de cette entreprise, dont les fonds propres sont négatifs de 100 millions de francs, nous permet de désendetter le groupe de 600 millions et de rembourser ainsi la totalité de la dette bancaire de PPM. À l'annonce du projet et des modalités de cette cession, plusieurs mois auparavant, le cours de Bourse de Legris était monté de près de 15 % en quelques minutes. Sans cette fusion, il aurait probablement fallu fermer PPM, et nous n'aurions peut-être même pas eu les moyens nécessaires pour le faire correctement. Oui, Wall Street peut aussi être utile.

Mais je ne pense pour l'heure qu'à une seule chose : rentrer et dormir.

D'abord, parler de l'efficacité.

Rien ne serait possible sans elle. Incontournable exigence. Vis-à-vis de moi-même, vis-à-vis des autres. Ne pas l'évoquer serait mentir par omission. Ni l'argent, ni le temps, ni le talent ne nous appartiennent, comment accepter de les dépenser sans les compter ? Nous en sommes comptables à l'égard de tous : nos clients, nos fournisseurs, nos actionnaires, nos équipes, nos salariés, leurs familles. Faire du mieux que l'on peut, chaque jour, chaque instant, en accumulant l'expérience qui permet d'améliorer l'efficacité. Repousser les limites du mieux, innover dans les façons de faire, de s'organiser. Au prix d'un apprentissage permanent, collectif et individuel, d'un déplacement incessant, d'un déséquilibre avant, qui met tous et chacun sous tension. Consentir à réapprendre tous les jours. Tel est le processus de la performance. Une transformation qui inclut totalement l'économie dans le cycle de « destruction créatrice » de la vie. Quelle place faire à sa violence aveugle, qui depuis des millions d'années, sélectionne les meilleurs et élimine les plus faibles ? La favoriser, ou la contrer ? Mais jusqu'où conduire d'autres dans ce processus lorsqu'on n'est pas maître de la vie ? Et que faire de leur fragilité, de leurs limites, de leurs différences ? Comment s'assurer que chacun grandisse, trouve sa place, ici ou ailleurs, alors même que les aléas de la vie d'entreprise peuvent demain exiger que tout change, ou tout s'arrête ?

Mais aussi, ensuite, remettre en cause les évidences.

On vous a parlé de « science économique », mais êtes-vous si sûr qu'il s'agisse d'une science ? Les équations de la macro-économie et encore plus celles de la micro-économie rendent-elles compte vraiment de la réalité sous-jacente ? On vous raconte que « tout ça, c'est la faute du système », mais vous-êtes vous déjà posé la question : « Quel est ce système, quelle y est ma place, mon rôle ? Ne fais-je que le subir ? En quoi en suis-je directement ou indirectement acteur ? Est-ce d'ailleurs un système ? » On a opposé l'économique et le social, mais vous êtes-vous déjà posé la question de ce qui les différencie, de ce qui les relie ? On a bâti toute l'économie moderne sur l'idée selon laquelle ses acteurs sont rationnels, à l'image de l'*Homo economicus* de Pareto, mais est-on si certain de cette rationalité ? Et vous, avez-vous déjà pris conscience de ce qui guide réellement vos choix d'acteur, dans l'épargne, l'investissement, le travail, la consommation ?

Promettant une augmentation significative des ventes, des neurochirurgiens mettent toute leur science au service du marketing de grandes entreprises, dans le seul but de provoquer chez vous un acte d'achat selon des processus aussi inconscients que possible : stimulateurs de stress, mesure de la sudation, imagerie cérébrale, analyse de vos sécrétions d'hormones permettent à votre insu de déterminer par des tests réalisés à l'avance l'« ergonomie cognitive » qui vous mettra en état de « choisir » (est-ce vraiment le terme qui convient ?) la marque qui se paie ce genre de service. D'après des études utilisant la technologie de l'imagerie à résonance magnétique, il semblerait ainsi que la vue d'un Pepsi et celle d'un Coca ne stimulent pas les mêmes zones de votre cerveau. Rassurez-vous : si on s'y intéresse, c'est sûrement pour votre « bonheur », puisque tel est le thème de l'accord de recherche que la firme Coca-Cola a signé en 2010 avec le CNRS. La rationalité du consommateur, c'est dépassé !

Il en est de même pour les marchés financiers. Tous les professionnels des salles de marché pourront l'attester : il n'y a rien de plus intuitif, irrationnel, superstitieux, moutonnier, angoissé, qu'un trader. Je l'ai vécu de près il y a longtemps et des recherches neurocomportementales l'expliquent aujourd'hui.

Or l'idée d'un système mécaniste de marché, d'une main invisible, anonyme qui régulerait l'économie dès lors que chacun y poursuivrait assidûment (et exclusivement) son propre intérêt a permis de justifier des comportements manipulatoires qu'aucun d'entre nous ne pourrait tolérer dans le cercle de ses amis ou de sa famille. Il est inutile d'aller chercher des exemples, chacun en conviendra. Mais vous-êtes vous déjà posé la question de ce qui délimite ce cercle du privé et du gratuit ? Êtes-vous d'ailleurs si sûr que les relations affectives, amicales, familiales, amoureuses ne soient emplies que de gratuité, qu'elles soient si dépouillées de toute dimension « économique » ? Sommes-nous si certains que la gratuité existe vraiment ? Et, si non, faut-il tolérer que tout ce qui l'approche soit banni de la sphère économique ?

On vous a rabâché que le but d'une entreprise est de maximiser sa valeur pour ses actionnaires et donc son profit, qu'ils se partagent. Qui en a décidé ? Est-ce une évidence, une loi naturelle ? Quelles sont les conséquences de cette simplification ? Est-il pertinent de laisser des économistes bâtir tous les fondements de ce qui légitime notre agir en mettant en équation mathématique le temps (cette petite lettre « t » que nous avons tous fréquentée dans nos cours de physique, de technologie, de sciences), qui ne peut rendre compte que si grossièrement de ce qu'est la réalité et dont nous serions réduits à être les simples comptables ?

Voilà des questions bien peu débattues. Au lieu de nous y confronter, pour justifier la démission de la pensée, nous invoquons le système, la guerre économique, la concurrence, la mondialisation, la fatalité... Ne s'agit-il pas plutôt de masquer peur ou avidité ? La pauvreté du champ sémantique du management et de sa novlangue *globish* étant aujourd'hui à ce point structurante de la pensée sociale, se peut-il ainsi que tout ce jargon, largement relayé par les médias, la classe politique, l'intelligentsia, depuis des décennies, et enseigné dès l'école, ait totalement pollué, obstrué les passages étroits qui auraient permis d'accéder à un champ de conscience différent, à une autre conception du monde économique, à un autre agir ?

S'il n'est pas possible d'exclure cette hypothèse, se peut-il alors que, de façon sous-jacente, imperceptible, inaudible, invisible, existe une autre économie, une autre réalité ? Ici, maintenant ? Est-il possible de concevoir même que toute cette réalité de chiffres, de pourcentages, de sigles, dont la télé, les journaux, internet nous bombardent chaque minute, ne soit qu'une vaste projection collective, comme ces ombres dans la caverne de Platon, que nous aurions fini par prendre pour la réalité, alors qu'elle en est au mieux le reflet, au pire la représentation hâtive et intéressée que nous en avons construite ?

Toute la théorie financière repose sur l'idée suivante : le prix d'un produit financier (action, obligation, etc.) s'ajuste instantanément sur le marché de telle sorte que le niveau de rentabilité escompté par son acquéreur soit cohérent avec le niveau de risque que comporte ce produit. Plus le risque que l'acheteur perçoit est élevé, plus il exigera une rentabilité élevée.

Il y a donc une relation très forte entre risque et rentabilité des actifs financiers. Si le prix de l'actif est trop élevé par rapport à son risque, les opérateurs voudront le vendre, et l'offre sur le marché excédera la demande pour cet actif, ce qui pèsera sur son prix jusqu'à ce que, celui-ci ayant baissé, rentabilité et niveau de risque s'équilibrent. À l'inverse, si son prix est trop bas par rapport à son niveau de risque, il offre une perspective de rentabilité inespérée, attirant la demande de telle sorte que son prix montera avant de se stabiliser à un niveau où la rentabilité à en attendre aura baissé et sera cohérente par rapport à sa catégorie de risque.

Dans un marché dit « parfait », l'offre et la demande s'ajustent de façon instantanée, il n'y a donc pas de situations incohérentes. Mais la réalité n'est pas parfaite. Et la détection de situations mathématiquement inexplicables où le risque et la rentabilité ne sont pas cohérents permet de réaliser ce qui s'appelle des « opérations d'arbitrage ».

Argent facile, en théorie. Mais tout le monde pensant à la même chose, pour gagner de l'argent, il faut un outil de détection aussi fin et rapide que possible, afin d'opérer avant que la correction de marché ne se fasse. Aujourd'hui beaucoup de ces opérations sont donc réalisées par des ordinateurs. On appelle cela du « trading algorithmique ». Comme au bout d'un moment les professionnels peuvent disposer à peu près des mêmes outils informatiques, chaque saut technologique, tous les trois ou cinq ans, affine un peu plus la mesure des anomalies et de leur fréquence, alors même que le coût nécessaire pour améliorer cette détection est démultiplié à chaque étape.

La recherche de vitesse est telle qu'on en est arrivé au stade où les opérateurs de trading algo négocient la « colocalisation » de leurs systèmes : il s'agit de placer leurs serveurs informatiques dans le même bâtiment que les plates-formes électroniques d'échange (les marchés) sur lesquelles ils opèrent, de façon à gagner les millièmes de seconde qu'induirait une distance plus grande dans la circulation de l'information électronique.

Compte tenu de la finesse des analyses et de la vitesse d'exécution de ces allers-retours, les opérations d'arbitrage algo constituent maintenant la majeure partie des volumes de transactions financières dans le monde, et existent sur tous les marchés : matières premières, actions, obligations, emprunts d'État, devises, et bien d'autres encore. Le trading algorithmique représente plus des deux tiers des volumes de transactions à Wall Street. Les algo traders les plus puissants sont des systèmes informatiques qui traitent des opérations avec des temps de détection très en deçà du millième, voire proches du millionième de seconde, repérant les anomalies de cotation en surveillant en temps réel des données financières dans le monde entier. Le nombre d'opérations traité devient hallucinant : Getco, le plus gros trader à haute fréquence américain, génère plus d'un milliard de transactions par jour !

Les systèmes les plus performants, dotés de programmes dits « d'intelligence artificielle », sont désormais capables d'apprendre au fur et à mesure le comportement des autres algos, et de décrypter leurs algorithmes, plus simples, ce qui leur permet de prédire leur comportement et d'acheter juste avant eux ce qu'ils vont acheter, pour le leur revendre... avec une marge, le tout en quelques millièmes de seconde.

Ainsi court la finance de marché qui tourne autour de la Terre, sans limite de temps et d'espace, vingt-quatre heures sur vingt-quatre (les marchés asiatiques sont ouverts pendant la nuit américaine, et vice versa), totalement déconnectée des besoins primaires qui ont présidé à sa mise en place, et ne servant qu'à rémunérer le risque des capitaux qui y sont investis dans le seul but, pour ceux qui la dirigent, de faire de l'argent avec l'argent.

De façon contre-intuitive pour toutes les personnes qui vivent les pieds sur terre, presque tous les financiers et la plupart des économistes pensent que cette course sans fin est tout à fait saine car elle n'est autre que la poursuite de l'efficience du marché. Car un marché « efficient », c'est un marché où les opérations d'arbitrage ne sont plus possibles parce qu'il ajuste instantanément le risque et la rentabilité. C'est donc un marché « juste », selon la théorie libérale. CQFD. Voilà ce qui se passe lorsqu'on ne juge plus que la performance des moyens sans se poser la question des objectifs.

Des rêves prométhéens des titans de Wall Street et de leurs esclaves informatiques, on pourrait conclure que le marché financier est désormais un système totalement livré au pouvoir des machines. Ce serait pourtant une grossière erreur. Le *computer trading* ne parvient en réalité à capturer que des opérations en très grand volume, mais assez simples. Directement ou pas, le marché reste donc animé par des opérateurs humains, dont l'habileté et le jugement sont nécessaires pour traiter de sujets toujours plus complexes et créer de nouveaux outils financiers. Et surtout le marché financier se nourrit, pour construire ses prix, de l'information que lui fournit l'activité économique. Les hommes, leurs décisions, leurs craintes, leurs envies, leur vie quotidienne sont donc au cœur de ce système. Des hommes au premier rang desquels les traders.

Les lois d'airain de la finance, les modèles froids de calcul de valeur des actifs financiers, les formules complexes de calculs optionnels, tout cela n'est que le support et le cadre d'une activité qui n'a rien de désincarné et dans laquelle le jugement est essentiel. Quelques fraudes retentissantes rappellent régulièrement comment des hommes et des organisations peuvent déraper jusqu'à perdre le contrôle de ce qu'ils font.

C'est à Montréal que je croise John Coates. Nous intervenons tous deux à l'occasion d'une rencontre à l'université McGill sur le thème : « Peut-on imaginer un social capital market ? » John n'est pas phénoménologue. Il est chercheur en neurosciences et en finance, à l'université de Cambridge, en Angleterre. Son domaine de prédilection est presque inexploré : le rôle des hormones dans la prise de décision financière. Avant sa vie académique, il a travaillé à Wall Street : trader chez Goldman Sachs, puis patron d'un *trading desk* (salle de marché) chez Deutsche Bank. C'est son expérience pratique qui l'a mené à rechercher en quoi des stéroïdes produits naturellement par l'organisme humain peuvent affecter de façon systématique l'aversion pour le risque des opérateurs de marché. Les recherches de John et de ses collègues montrent que cette perte de contrôle ne naît pas de conditions exceptionnelles. Elle est au contraire le résultat de processus qui sont à l'œuvre à chaque instant, de façon continue.

Les résultats d'une étude conduite en 2008 auprès d'une population de traders à Londres sont édifiants : un niveau élevé de testostérone relevé le matin est corrélé à un volume de trading important et un niveau de profit élevé pendant la journée. Il est aussi prouvé par cette étude que la testostérone influençant l'agressivité, l'effet de confiance qui résulte de la production hormonale modifie le jugement sur la prise de risque, et l'autorise plus facilement. Et d'autres études ont mis en évidence qu'au-delà d'un certain niveau hormonal, ce jugement est significativement altéré.

John a montré aussi que le niveau de cortisol, une hormone sécrétée en situation de stress, est le plus élevé au moment où la volatilité implicite du marché des options est la plus forte, c'est-à-dire dans la situation où l'enjeu de la prise de décision par le trader est le plus important. Or les marchés sont de plus en plus volatils. Et une exposition prolongée au cortisol, qui a des effets cognitifs et émotifs puissants, entraîne un état psychologique chronique appelé *learnt helplessness* ou « impuissance acquise », caractérisé par une mémoire renforcée des événements aversifs et une altération de l'humeur qui rendent insensible à l'enjeu de la décision. Évidemment, les variations hormonales et les changements de l'humeur qu'elles induisent chez les traders peuvent avoir des effets assez dévastateurs sur le comportement automatisé du trading algorithmique. On s'en est aperçu en mai 2010, lors d'un krach éclair à Wall Street.

Pendant quelques minutes, les cotations des plus grandes sociétés américaines ont donné des chiffres totalement absurdes, oscillant en quelques secondes entre quelques centimes et plusieurs dizaines de milliers de dollars par action... Personne ne comprenait ce qui se passait. Il fallut plusieurs heures pour stabiliser le marché et nettoyer la situation en annulant les transactions passées à des cours aberrants. Les apprentis sorciers, régulateurs compris, ne sont pas fiers de cet incroyable fiasco.

Faire reposer des réseaux informatiques aussi puissants sur le fonctionnement du système hormonal de traders stressés devait tôt ou tard mener tout le monde à ce genre de situation paroxystique ! John en déduit très logiquement que les neurosciences et l'endocrinologie devraient aider les économistes à développer un modèle de gestion du risque financier plus performant, pour une économie plus durable : « En Occident, nous souffrons encore de l'illusion platonicienne selon laquelle le corps et l'esprit peuvent et doivent être séparés. Mais la finance n'est pas mentale, elle est corporelle », dit-il.

Comme nous parlons de social capital markets à Montréal, je lui propose en plaisantant de soumettre à ses études une population de philanthropes américains : peut-être découvrira-t-on qu'au moment où ils signent leur chèque, leur organisme sécrète des endomorphines dont l'effet les amène à envisager avec autant d'euphorie la certitude de « perdre » cet argent que les traders semblent trouver de plaisir à en risquer pour le « gagner »...

En tout cas, voilà ce pauvre *Homo economicus* affligé de très lourds handicaps dans sa capacité à exercer le jugement rationnel que toutes les équations de l'économie moderne attendent de lui ! Tout cela paraît finalement bien joyeux : les grands rêves mécanistes et les supercalculateurs sont battus en brèche par de simples hormones. Plus rien ne peut être tabou ! Dès lors, ne nous étonnons plus que, par exemple, chaque semaine, les rendements boursiers aient tendance à être meilleurs et l'aversion au risque inférieure à l'approche du week-end plutôt que le lundi, propice au bien connu *Monday blues* boursier.

Et puisque plus rien n'est tabou, profitons-en pour achever notre petit travail de déconstruction mentale en liant la performance boursière aux cycles naturels. Deux études sérieuses en 2003 et 2005 ont montré, sur une longue période, que les cycles lunaires influencent l'évolution des marchés financiers : les rendements se révèlent très nettement supérieurs en phases de nouvelle lune. Surprenant ? Si la lune (et son alignement avec le soleil à certaines phases) est capable de soulever le sol terrestre de plusieurs dizaines de centimètres chaque jour, de bouger la masse des océans et d'influencer partout les biorythmes sur terre, pourquoi ne serait-elle en effet pas capable d'influencer la biochimie de l'organisme des opérateurs de marché, donc leurs décisions ? Aucun lien de cause à effet n'a bien sûr été établi par ces études, mais le résultat est là, très clair. Et une étude plus récente publiée en 2010, mettant de côté notamment l'« effet du lundi », a constaté, après élimination de divers effets collatéraux, une surperformance très nette, encore inexpliquée, lors de ces phases lunaires… Pour gagner de l'argent, inutile de lire tous ces tableaux de chiffres, et ces courbes compliquées : un bon vieux calendrier des Postes fera l'affaire !

Voilà pour les évidences de la science économique : c'est au cœur de l'humain que nous en trouverons la clé.

New York, fin octobre 2008, 8 h 30 du matin. La ville est balayée par ce vent froid qui fait danser les nuages de vapeur au coin des rues. Trottoirs sarclés de métal. Bronze des bouches d'incendie serties dans le béton. Relent fugace de *bretzels* et de café au coin de la 52e Rue. Un vendeur à la criée brandit le *New York Times* : « C'est la crise ! »

Un mois auparavant, Lehman Brothers a fait faillite. Trop de testostérone. Et il y a quelques semaines à peine, début octobre, même Danone et quelques-unes des plus grandes entreprises françaises ont eu du mal à faire fonctionner leur système de financement de marché. Il a fallu l'intervention du Conseil des ministres européens, à l'issue d'un week-end homérique, pour rétablir la confiance des investisseurs, et la capacité pour les banques et les entreprises à se financer.

Alors que l'économie américaine a déjà perdu plus de cinq cent mille emplois en septembre, je rencontre le patron d'une des plus grandes banques américaines. « La reprise est pour le second semestre de l'année prochaine, et le marché financier va l'anticiper de six mois », m'assure-t-il en substance. Mais son optimisme affiché ne tient pas longtemps face à quelques arguments de bon sens. Il finit par le reconnaître : ils ne savent pas où ils vont. Pour conjurer l'inquiétude de notre conversation, il me lance : « Je vous parie un dîner à Paris sur la reprise de l'économie ! » Deux ans plus tard, la crise aura détruit neuf millions d'emplois aux États-Unis, et point de dîner pour mon banquier : il y a aussi perdu son job !

Très brutale, profonde, étendue, la crise financière, économique et sociale suscite évidemment beaucoup d'angoisses et d'émotions. Certains, conscients des excès et des dysfonctionnements qui l'ont précédée, ont osé l'hypothèse qu'elle pourrait être salutaire si elle permettait de les corriger, voire de faire table rase d'un système dont les limites semblent évidentes. Mais c'est être bien optimiste, et puis à quel prix, en particulier pour les plus fragiles d'entre nous ? Cette crise est un désastre humain à court terme, des vies bouleversées, des espoirs ruinés, des familles sans logis, sans nourriture. Des dignités perdues. Des hommes à terre : 25 % de taux de chômage officiel en Espagne. Des châteaux envolés. En France, les bidonvilles réapparaissent, cachés dans les banlieues de la région parisienne.

Et ce matin, au coin de la 42e Rue à New York, des cartons, vestiges d'une nuit de plus dans la précarité de la rue, piétinés par la foule anonyme et morose que crache par vagues la sortie du métro.

Une femme va d'un passant à l'autre, en silence, portant sur un pull à col roulé un tee-shirt qui arbore en grandes lettres jaunes : *Free hug*. Les bras ouverts, elle propose gratuitement un *hug*, une accolade fraternelle, juste le temps de partager un peu de chaleur humaine, à celui ou celle qui en aura suffisamment envie pour répondre à cette invitation insolite. Je me suis arrêté, et laisse autour de moi le flux des passants s'écouler en me bousculant. Ils sont nombreux à se laisser surprendre par cette femme souriante et silencieuse, et à l'accueillir par une embrassade spontanée, dans des gestes aussi maladroits qu'émouvants. Quelques instants suspendus dans le flux de la vie, arrachés à la solitude et à l'anonymat pour se réchauffer le cœur et abandonner son corps à la simplicité d'une relation, gratuitement reçue et échangée. Quelques instants où deux êtres se disent au-delà des mots le bien qu'ils sont l'un pour l'autre, dans une *bene-diction* que les paroles n'auraient pas le temps ou la justesse de formuler. Éphémère relation tissée d'éternité. Anonyme donc universelle.

Mais où faut-il être arrivé pour que ce geste simple paraisse si incongru ? Et surtout, jusqu'à quelle profondeur de solitude faut-il nous être laissés descendre pour que le besoin puisse se manifester d'une chaleur fraternelle aussi ontologique, accueillie dans la seule reconnaissance d'une condition humaine partagée ?

À dire vrai, j'ai bien souvent cru accéder à la liberté en réduisant ma dépendance à ton égard, mon ami et frère d'humanité.

Consciemment ou pas, je cherche encore à éviter ta rencontre, dans ma vie de tous les jours, en baissant les yeux dans l'ascenseur, cher voisin de palier ; en changeant de trottoir, mendiant du matin ; en évitant de croiser trop longtemps ton regard, cher collègue de bureau ; en préférant le libre-service à ton baratin d'épicier de quartier, et en préférant la musique de quatre sous d'un supermarché à ta question à laquelle je ne sais même pas répondre : « Et comment ça va, ce soir ? »

Toi, l'autre dont me protège mon contrat d'assurance « au tiers » ; toi que j'épie derrière la caméra de surveillance de mon immeuble ; toi dont je me protège grâce à mes codes d'accès ; toi dont je fuis l'image en m'abreuvant des rêves publicitaires qui me parlent de moi-même et de ceux à qui je me crois libre de vouloir ressembler ; toi qui pourrais bien mourir derrière cette porte de palier, sans que je m'en aperçoive avant bien longtemps.

L'absence d'être : voilà ce dont meurt notre économie. En grec, *oïkos nomia* : *oïkos*, « maison », et *nomia*, « science, art ». L'administration de la demeure, du lieu dont nous sommes les habitants et les dépositaires, voilà ce qu'est l'économie : l'art de vivre ensemble. Je regarde autour de moi. Je regarde en moi. Je ne vois pas beaucoup d'art, pas beaucoup de vivre, pas beaucoup d'ensemble.

Nous sommes très fiers de notre système monétaire, fiduciaire, scriptural et maintenant électronique, qui permet en un instant de s'acquitter d'une dette en tapant un simple code : un prix est affiché, qui permet de ne même pas débattre entre nous de la valeur de l'avoir et de l'être. Je paie, et nous sommes « quittes ». C'est dire si aussi vite nous nous retrouvons seuls. C'est à peine si j'ai levé les yeux vers toi, c'est à peine si tu m'as vu. Quelle importance d'ailleurs ? Nous sommes-nous même serré la main pour sceller cet échange ? Inutile, puisqu'il n'y a même pas eu d'accord entre nous : celui-ci était tacite et préalable, car l'étiquette d'un prix (ou mieux encore un code barre) témoignait d'emblée de l'inutilité d'une discussion.

D'ailleurs, qui es-tu vraiment, toi, l'autre de ma consommation quotidienne ? Existes-tu même lorsque je me retrouve, dans le vacarme d'un haut-parleur, seul face aux étagères débordantes d'un magasin déserté par l'humanité ? À la caisse, une barre en métal séparant sur un tapis roulant mes achats de ceux du client précédent nous sert de bâton de parole. Il m'annonce : « Client suivant. » Tu n'as pas à le dire, je n'ai pas à me présenter, tout est écrit. C'est d'ailleurs l'écran de contrôle de la machine à carte bancaire qui me salue d'un bonjour et d'un au revoir digitaux. Car toi, assise depuis des heures derrière ce défilement anonyme de marques et de chiffres, il y a longtemps que tu t'es réfugiée dans ta rêverie. Et moi, je suis déjà dans mon ailleurs. Cet endroit est un non-lieu. Oui, je dois reconnaître que mon économie d'abondance est bien solitaire.

Il est des sages pourtant, par-delà les océans, par-delà les âges, d'outre-crise sans doute, qui ont cru trouver plus de richesse dans le dialogue que dans la transaction à laquelle il aboutit ou pas, et qui dans leurs sociétés vernaculaires ont organisé une économie de don et de contre-don, veillant soigneusement à ce que jamais le compte ne soit bon, pour que se prolonge indéfiniment l'enrichissement mutuel de l'échange. « N'en soyons jamais quittes, mon ami, pour continuer à jouir de ce temps perdu ensemble. »

De la vue de cette femme qui va de l'un à l'autre au coin de la 42e Rue avec son *free hug*, de ces personnes sans logis, sous leur amas de couvertures que personne ne voit plus au bord du trottoir, surgit brusquement la mémoire vivante d'une expérience dont je vis encore la résonance.

25 novembre 2001. De passage pour un conseil d'administration à Bombay, je prends un vol pour Delhi. Un ami

en poste à l'ambassade de France m'y attend. Je dépose chez lui mes affaires de travail, me change, rassemble quelques vêtements dans un sac à dos et saute dans un GNC. Direction le campement tibétain de Majnu Katila. Sans lâcher le guidon de sa machine pétaradante, le chauffeur se retourne pour s'assurer que je ne me suis pas trompé d'adresse.

Le campement est situé au nord de la vieille ville, coincé entre la rivière Yamuna et la quatre-voies qui longe le bidonville de Majnu Katila. Nous l'atteignons à la nuit tombante. Je vais m'installer une semaine à la Potala House, une pension de famille à 2 euros la nuit, et passer mes journées à Nirmal Hriday, un « foyer pour les mourants et les destitués », tenu par les sœurs de mère Teresa.

Premier matin, je traverse l'avenue. À 6 h 30, les portes s'ouvrent. En cette fin de nuit fraîche, des ombres sous des cartons. Messe en hindi, hétéroclite et dénudée. Y assistent aussi quelques habitants du bidonville venus rendre la couverture qui leur a été prêtée pour la nuit. Puis tout démarre très vite. Une petite sœur en sari blanc me désigne mon « patron » pour ce matin : Ashok, un adolescent, bandeau blanc dans les cheveux. Il est l'un des orphelins qui ont grandi ici. C'est l'heure des soins et il fait office d'infirmier. Il me montrera.

Nous traversons une salle, dont l'odeur me soulève le cœur. Puis nous débouchons sur une cour. Je m'arrête sur le seuil : une centaine de personnes, assises, couchées pour la plupart, accroupies pour certaines, un brouhaha de plaintes et de râles, des odeurs indescriptibles de souillures et de blessures. Je suis réveillé de mon hébètement par mon patron qui me pousse dans le dos sans ménagement. Il tire un petit chariot sur lequel je distingue des pansements, de la gaze, de la Bétadine et quelques ustensiles. Nous nous arrêtons au milieu de la cour. Des pansements, des blessures se tendent vers nous. Je me retrouve avec des gants de plastique, des ciseaux, et une instruction : soigner.

Une jambe couverte d'un pansement de trente centimètres de long s'avance vers mes mains qui tremblent. Mes doigts découpent tant bien que mal le tissu souillé. Je tire. Il se plaint. La chair vient avec. Gémissement. Je soulève à peine : dessous, c'est indescriptible. Je suis horrifié. Ashok s'aperçoit vite que je ne suis pas l'infirmier que mon statut de volontaire français pouvait lui laisser entrevoir… Il me désigne du regard un pansement de trois centimètres sur trois : *Try this one !* Dans l'odeur enivrante de l'éther, je reprends ma manœuvre. L'homme m'aide : du doigt, me désigne sa blessure, puis la Bétadine. Ah oui, bien sûr. De la gaze propre, qu'au bout d'une pince métallique je laisse tomber par terre. Pathétique. Un second morceau parvient malgré ma maladresse à se poser sur la plaie. Le pansement s'éloigne de ma vue. Avant qu'un autre n'arrive, je me relève. Je chancelle. Me voici au-dessus de cette mêlée humaine dont les mains s'accrochent à mes jambes.

Je me retourne vers l'entrée de la cour. Au-dessus de la porte, il y a une horloge : 7 h 30. Il n'y a qu'un quart d'heure que je suis ici ! Et il va falloir tenir une semaine. C'est impossible !

Je lève les yeux vers le ciel. Premiers rayons d'un soleil hivernal, qui transpercent les brumes de la Yamuna. Je respire, profondément, pour retrouver le calme intérieur. Enfin, je cède à l'appel de cette main qui s'est agrippée à mon tee-shirt. Je replonge…

Ashok comprend que malgré ma bonne volonté, je ne lui serai pas d'une grande utilité ce matin. Il me désigne quelqu'un qui m'entraîne dans la salle que nous avons traversée tout à l'heure. De nouveau, cette odeur si forte de la nuit et de ses souillures. Et puis là, à gauche, un vieil homme mourant, presque inconscient, est allongé sur un lit, nu sous une chemise trempée d'urine. Il est intubé et transpire, les yeux mi-clos. À trois, nous devons le soulever et le poser à terre, sur le carrelage, puis le laver, à l'aide de tissus trempés dans un seau d'eau, qui serviront pour les soins corporels, éponger l'alèse du lit et nettoyer le sol de ses défécations. Je retiens ma respiration. Nous nous activons. Je tiens sa tête qui roule entre mes mains lorsque nous le reposons sur le lit. Je me relève lentement, et mon regard tombe sur cette inscription au-dessus de lui, peinte sur le mur : *The body of Christ.* Je me souviens que mère Teresa l'a fait inscrire dans tous ses foyers. Je l'ai vue en photo sur un livre. Cette fois, j'y suis. Un choc qui me fait tituber.

Il est 8 heures. Les soins et la toilette sont terminés. Petit déjeuner dans la cour, d'une timbale d'acier emplie de *tchai* brûlant et de biscuits. C'est le premier matin. Comment tiendrai-je une semaine ? Pour me secouer, je saisis un balai et entreprends de nettoyer intégralement le carrelage du dortoir. J'y mets tout mon sens de l'organisation et de l'efficacité. En trente minutes, j'ai terminé. Petite satisfaction d'avoir pu faire quelque chose d'utile. Le lendemain, je m'aperçois que j'ai fait le travail de Sudip, un homme-tronc qui, grâce à sa morphologie, se glisse facilement sous les lits et s'en est donc fait une spécialité. Le nettoyage du dortoir, c'est sa contribution à la communauté. Il y passe la matinée. Ma volonté d'efficacité l'a privé de cette dignité. Je me sens vraiment stupide : comme elle est complexe et délicate, la relation d'aide !

Lentement, au fil des heures, mon regard se pose sur ces personnes et ce lieu où elles vivent. Je commence à percevoir le fonctionnement collectif de cette communauté. Ses règles, ses rites, ses querelles, ses clans. Ses caïds, ses pauvres et ses exclus. Il me faut plusieurs jours pour apprendre à voir le corps, oser remonter vers le visage, croiser enfin le regard de ceux qui portent les pansements que je change le matin. Je prends mon temps. Quelques mots échangés, parfois un sourire, souvent rien. Juste ce mouvement inimitable de la tête, ce hochement sur le côté, qui veut dire tant de choses chez les Indiens : un oui, un merci, un non merci. Qui dit : « Nous sommes quittes. » Ils ont raison : ils ne me doivent rien, j'ai choisi d'être ici, pas eux.

Les jours passent, et je m'aperçois que j'en fais de moins en moins. Comme il est difficile de ne pas encombrer l'autre des débordements de sa propre compassion ; difficile de laisser aller, grandir, tomber, souffrir, de laisser vivre et mourir ceux que je crois aimer, ici ou ailleurs, sans déverser mes propres peurs dans une aide pesante, une amitié trop présente. Réaliser surtout que ce sont mes propres blessures que je suis venu apaiser, bien sûr. Mais lesquelles ?

Ne rien faire. C'est l'attitude la plus juste qu'il me semble finalement possible d'adopter. J'attends que ceux ou celles qui le souhaitent viennent à moi. Assis contre un mur de la cour, le monde apparaît différent : même ici, il y a ceux qui sont debout, vont et viennent, affairés, sans doute au bien d'autrui, en tout cas au leur, sans même en être conscients ; et puis il y a ceux qui sont accroupis, assis, couchés, et qui y restent. Moments partagés avec ceux-là.

Caresses de mains qui n'ont rien d'autre à donner ni à recevoir. Juste un moment de tendresse, dans la tiédeur du soleil d'hiver, pour maintenant. Un *free hug*. Ça tombe bien, je crois que j'en avais bien besoin !

Je sors de ma rêverie. *Back to New York*. Accéder à ma propre apesanteur pour vivre avec plus de légèreté. Dans les bourrasques de novembre, je lève les yeux sur ces hommes et ces femmes, qui se croisent sans se voir, et marchent la tête rentrée dans les épaules pour éviter la morsure du vent à la sortie du métro. Me vient l'image de la vallée d'Ézéchiel dans la tradition juive : soufflera-t-il, ce grand vent sur les ossements desséchés, redonnant vie à ce qui était mort ? En eux, en moi ? Comme cette femme ce matin-là à New York, aurai-je envie d'être passeur de ce *free hug*, de ce que j'ai reçu à Delhi ?

Fin d'une réunion à Manhattan. Rien d'autre que la peur ou l'avidité ne me semble avoir habité nos discussions. « Pourquoi existez-vous ? » m'a demandé ce gérant de *hedge fund*, en parlant de notre entreprise. J'ai respiré un grand coup, et failli lui retourner la question. Une fois encore, le seul sujet a été *shareholder value*. Une pensée lobotomisée, déshumanisée.

J'en ai vraiment assez. Ascenseur. Je rentre à Paris ce soir. Pour rejoindre l'aéroport, une *limo* noire, arborant un panneau à mon nom derrière le pare-brise, m'attend en bas du building. Je monte. L'habitacle est empli d'un flot de musique. Par réflexe, je me penche en avant pour m'adresser au chauffeur. J'ai des coups de fil à passer et j'ai besoin de silence. Mais soudain les sons prennent sens : je reconnais la mélodie du *Concerto pour piano n° 1* de Chopin. Elle revient de très loin, l'œuvre qui a habité mon adolescence et semblait justifier à elle seule les heures que je passais devant mon clavier ou dans la biographie de Rubinstein. Tout se tait en moi. Les « chevaux écumants du passé » font halte à l'auberge du présent, comme l'a promis Christiane Singer.

Brooklyn défile lentement derrière la vitre, au rythme du *stop and go* des embouteillages. Tableaux de la vie de cette banlieue modeste, rehaussés par le romantisme de la mélodie, comme la bande-son d'un road movie. Scènes familières de femmes volubiles à l'entrée d'immeubles en brique, d'adolescents bondissants sur des terrains de basket mutilés. Des colliers de petites maisons aux couleurs délavées enfilées comme des perles le long de la *highway*. Je les vois comme jamais, d'un regard transfiguré par la vibration dans laquelle elles apparaissent. La musique dilate l'espace et j'habite cet endroit, chacun de ces instants anonymes volés est mien, ses couleurs, ses odeurs, la rumeur sourde de sa vie. Je suis du Queens comme de Varsovie, d'ici comme d'ailleurs.

Éclat somptueux des derniers accords. Le silence. Puis viennent les mots. Il s'appelle Leonid, « mais ici on m'appelle Leon ». Il est russe, émigré aux États-Unis depuis seulement trois ans. À Moscou, il était pianiste titulaire à la radio. Dans un anglais approximatif, nous parlons de musique et il me raconte les heures de travail dans les écoles russes, les premiers concerts, les enregistrements, la gloire, la déliquescence d'un système, sa fin, la faim, l'errance, le départ… la vie, quoi.

Parfois les mots nous manquent pour exprimer Chopin

ou ses interprètes. Alors nos regards se croisent dans le rétroviseur et nous nous comprenons. Nous nous reconnaissons, voyageurs du temps, habitants d'un monde invisible dont nous avons l'émergence en partage. Je me remémore quinze ans auparavant, à Paris, ce regard las du chauffeur de taxi à qui il avait été intimé d'éteindre la radio. Et puis ces paroles sans appel : « Il doit comprendre que tu n'es pas du même monde. »

Et non, justement ! Il n'y a pas deux mondes, mais un seul, peuplé d'une infinité d'univers, au sein desquels seule notre peur nous empêche de circuler librement. Ce jour-là, Leon m'a réouvert les portes de cet espace entre l'essence et l'existence, où se déploient les harmoniques de la musique.

Alors, désormais, Bach et Chopin m'accompagneront partout, eux que mes doigts avaient enveloppés dans le linceul d'une amitié d'adolescence perdue.

Pianos anonymes des halls d'hôtel de São Paolo, de Djakarta, de Hangzhou, de partout, dans le petit matin, qui m'ont ouvert leur clavier à la descente de l'avion, avant les réunions de la journée. Pianos joués à bras ouverts au Steinway Hall sur la 57e Rue à New York. Celui du local syndical au siège de Danone, à Paris, au second sous-sol. Et bien d'autres encore.

Hôtel Royal à Évian, la « maison de famille de Danone » (enfin, de ses dirigeants), un après-midi d'hiver, juste après Noël. L'établissement est fermé pour travaux (nous logeons pour deux nuits à l'hôtel Ermitage, juste au-dessus du parc). Avec l'amicale complicité de la gouvernante, je pénètre dans la grande bâtisse endormie, veillée par ses arbres centenaires.

De vastes voiles de plastique transparent tapissent le hall bleu et or, dont le froissement salue mon entrée. Du lac Léman, en contrebas, monte au travers des hautes vitres une lumière diaphane, qui se répand dans le salon et sur ses velours bleus. Les meubles familiers sont endormis sous leur protection de drap. Un froid feutré glisse sous les portes et tourne dans l'air. Le grand piano m'attend là, à sa place. Je l'ouvre lentement. De ses touches glaciales, les notes montent le long des tentures, vers l'azur des plafonds, pour se perdre une à une dans le silence, jusqu'à ce que la nuit vienne doucement éteindre la musique.

Été 2005. Je viens de m'installer en Chine pour deux ans et je cherche pour mes nuits la compagnie d'un piano. Pour quelques milliers de dollars, on me dit que je peux en trouver d'occasion, à l'académie de musique. On annonce un typhon dans le week-end et il fait très lourd. Me voici marchant à la suite d'une Chinoise dans un immeuble crasseux. Huitième étage, un corridor sombre, puis la grande salle des pianos. La lumière laisse tomber des rais d'air épais qui tachent les draps jetés sur les galbes assoupis. Ils ont joué dans toutes les salles de Shanghai, et c'est l'heure où ils somnolent dans la torpeur humide de la ville. Un ventilateur se met à vrombir, m'invitant à m'asseoir, et bientôt, sous la caresse des doigts, ils s'éveillent l'un après l'autre. Instant hors du temps. *Bach to China.*

Budapest, une convention de managers Danone. J'ai passé une partie de la journée sur une estrade, face à trois cents personnes (c'est moi le « chef »). Je suis las. Il est bientôt 1 heure du matin. Les conversations traînent sans finir, car rien ne presse : c'est l'entracte de la nuit. Tandis que les magiciens du son et de la lumière s'affairent derrière des tentures à monter la scène pour le lendemain, je déniche un piano droit dans un recoin d'escalier. Quelques notes de Chopin, juste pour délier le temps avant le sommeil. Une voix derrière moi, je me retourne. « Salut, je m'appelle Didier. C'est moi qui t'ai filmé toute la journée. C'est sympa de faire ta connaissance pour de vrai. » Nous parlons. Quand il n'est pas derrière sa caméra, Didier est musicien, compositeur ; nous échangeons sur l'interprétation des valses et des nocturnes. Il a travaillé Chopin à sa façon. Il me donnera un de ses CD, que j'ai toujours.

Le lendemain, j'accepte en plaisantant de jouer pour la fête de la Musique, le 21 juin suivant, dans les bureaux de Danone à Paris. Trois mois plus tard, ils n'ont pas oublié. Je suis requis. Ce sera la seule fois. Il y a si longtemps (vingt-cinq ans !) que je n'ai joué pour quelqu'un ! Il y a beaucoup trop de monde à mon goût. Avant de m'asseoir devant le clavier, je fais part de mon désarroi en quelques mots à celles et ceux qui sont venus pour m'écouter, un peu surpris. Alors j'ajoute : « Vous vous attendez sans doute à un truc brillant, mais je vais jouer un morceau très court. Je ne sais pas si j'arriverai à le terminer, mais j'ai besoin de chacune et chacun de vous pour le faire, parce que c'est pour vous que je vais essayer. » Je m'assieds dans un silence absolu. Doucement, la mélodie très simple du *Nocturne n° 1* de Chopin traverse ma peur et rejoint les uns et les autres. Dernière note, je m'arrête. C'est fini. Encore un silence, le temps pour chacun de revenir lentement de ce voyage que nous avons fait tous ensemble. Bien longtemps après, encore récemment, on me reparlera de ce moment un peu particulier. Comme une naissance, une venue au réel, une bulle qui enfle, et éclôt, une fleur qui se donne, en ce seul instant où elle livre son parfum, j'ai deviné ce jour-là qu'en moi le piano avait révélé le peu qu'il avait à dire. Son automne est, depuis, passé sur mes doigts, et puis le temps est venu lentement, paisiblement, cette fois-ci, où il s'est tu, de nouveau, dans l'hiver de ses jours.

Les taxis sont restés mes amis, et souvent, je pense à Leon, dans sa *limo* noire, qui, au travers des faubourgs du Queens, m'a conduit beaucoup plus loin que l'aéroport. Qu'ils sont étranges, ces couloirs, qu'ils sont effrayants, ces gouffres intérieurs qu'ouvre la porte de l'altérité lorsque nous consentons à la pousser. Vers quelle beauté, vers quelle nouveauté nous mènent-ils ?

L'Amérique ne s'est jamais vraiment remise de la crise de 1929. Ce n'est que l'effort de guerre puis la reconstruction du monde qui lui permettront de retrouver la croissance. Cette crise a été d'une telle gravité que les autorités américaines ont décidé de compartimenter la finance pour limiter les effets de domino entre ses différentes activités, en les réglementant fortement. Et depuis le « Banking Act » en 1933, les grandes banques américaines n'ont eu de cesse de peser de tout leur poids pour le renverser, et déréglementer le secteur financier.

Ces efforts n'ont pas été vains. L'arrivée des libéraux au pouvoir avec Reagan a été le début d'un incroyable essor financier, pour le plus grand bénéfice de ces institutions. Une partie de ces gains a été réemployée à financer les partis politiques et à faire croître les effectifs de lobbyistes (on en compte aujourd'hui plus de cinq mille) qui travaillent pour le secteur financier à Washington, pour influencer parlementaires et sénateurs américains. Là encore, cette peine n'a pas été perdue, car les lois ont graduellement déverrouillé les cadenas de la réglementation.

En parallèle, au cours des trente dernières années, Wall Street a financé les meilleures universités américaines, leurs chercheurs, les plus grands économistes, les enseignants les plus renommés, pour que la théorie libérale s'impose et que, de façon plus pragmatique, toutes les études économiques convergent finalement vers une même conclusion : la déréglementation ne comporte pas de risque. Pour couronner le tout, la plupart des patrons de l'administration financière américaine chargée de réguler Wall Street ont été, pendant trente ans, directement issus de son sérail et se sont faits les fervents avocats de la libéralisation à tout crin.

Comme le concept reposait sur l'idée d'autorégulation, on a assisté à l'essor d'agences de notation financière et au renforcement de leur rôle d'analyse du risque financier, en particulier Moody's et Standard & Poor's. Mais celles-ci sont ultimement rémunérées… par Wall Street. Faut-il s'étonner que l'avant-veille de la disparition de Lehman Brothers en septembre 2008, on lui attribuait encore la note A2, c'est-à-dire l'une des meilleures possibles ?

Toujours de façon très logique, pendant que montait la dette bancaire et que les chaînes de titrisation se complexifiaient, les budgets de la Stock Exchange Commission, le gendarme boursier américain, ont été graduellement coupés au cours des dix dernières années, grâce au lobbying intensif de Wall Street. Résultat : la division risques de la SEC ne comportait plus qu'un seul employé en 2008 ! Il faudra attendre septembre 2009, un an après le cataclysme financier, pour que soit créée une véritable « division des risques, de la stratégie et de l'innovation financière » à la SEC.

En attendant, après plusieurs décennies d'efforts, tout est en place pour l'apothéose de la fête : c'est le début de la dernière bulle qui, apparaissant en 2005, éclatera en 2008. Les actionnaires des firmes de Wall Street voient en quelques années la valeur de leurs investissements multipliée par dix. Les patrons des grandes banques d'affaires empochent des revenus annuels de plusieurs dizaines, voire centaines de millions de dollars, de même que leurs « meilleurs » traders, sans parler des associés des fonds de private equity. Côté rue, mécénat et dîners de gala de charité, car ces financiers avides, devenus l'establishment, sont donc forcément philanthropes à leurs heures. Côté cour, consommation de drogue de rigueur à tous les étages, réseaux de prostitution de luxe à New York, bakchichs à Washington. Rien ne suffit à assouvir la démesure de ces nouveaux maîtres du sous-monde. Les firmes de Wall Street sont désormais les plus puissantes de la planète et le système attire bientôt l'épargne du monde entier, qui se met ainsi à risque par appât du gain, tandis que le modèle s'exporte, vers l'Angleterre et l'Asie notamment.

Ce risque est totalement partagé, mais il est clair qu'une part démesurée des gains est captée par ceux qui sont chargés de veiller aux intérêts de tous. L'avidité financière n'a plus de limite. Il n'y a pas que Madoff. Une des plus grandes banques d'affaires du monde, bien connue pour ces pratiques, place par dizaines de millions des titres auprès d'investisseurs tout en prenant au même moment sur les mêmes titres des positions *short*, c'est-à-dire pariant sur leur baisse (et de ce fait poussant leurs cours à baisser), gagnant ainsi de l'argent sur les pertes qu'elle pousse ses clients à faire. Mais que peut-il bien se passer dans le cerveau des hommes et des femmes qui ont passé leurs journées et leurs nuits à concevoir de telles stratégies et à gagner de l'argent ainsi ?

Dès lors, plus rien ne peut choquer. En août 2007, le patron d'AIG Financial Products, filiale d'AIG, le plus gros assureur américain devenu la plaque tournante géante de la formidablement rentable activité de titrisation des créances des prêts à haut risque (les fameuses *subprimes*) déclare : « Il n'existe aucun scénario raisonnable par lequel nous pourrions perdre même 1 dollar sur ces transactions », en évoquant son activité de *credit default swaps*, « options sur défauts de paiement ». Un an encore se passe et c'est la catastrophe. Personne ne comprend rien aux liens financiers complexes créés par les 2 000 milliards de dollars de contrats optionnels que détient AIG. Pas même les agences de notation qui, comme d'habitude, n'abaissent vraiment sa note que la veille de sa faillite (et du coup la provoquent). AIG perdra plus de 60 milliards de dollars au titre de l'année 2008.

Le 16 septembre 2008, le gouvernement américain, qui la veille a laissé filer Lehman vers la faillite en refusant de donner à un repreneur la garantie de l'État, vole immédiatement au secours d'AIG et injecte 120 milliards de dollars. On apprend alors que le plus gros créancier d'AIG est Goldman Sachs, remboursé dans la foulée d'un chèque de 13 milliards de dollars, sans aucune décote ni négociation. Le chef de file gouvernemental de ce sauvetage n'est autre qu'Henry Paulson qui, après une longue carrière chez... Goldman Sachs, en a été le patron pendant sept ans, avant d'être nommé secrétaire au Trésor en 2006.

Grâce au système patiemment mis en place en trente ans, les actionnaires, salariés et associés des firmes de Wall Street ont encaissé les gains, et les contribuables épongé les pertes.

En septembre 2008, Wall Street n'est pas passé loin de la catastrophe totale. Il a fallu plusieurs mois de gueule de bois pour s'éveiller à la réalité. Mais trois ans plus tard, tout cela est bel et bien du passé. Les banques renflouées par le gouvernement ont remboursé les prêts de l'État américain, et grâce à quelques faillites qui ont nettoyé le marché, elles sont plus fortes et plus concentrées que jamais. Les subprimes n'avaient qu'un seul but pour une poignée de firmes et quelques milliers de financiers : faire autant d'argent que possible en renvoyant les risques ailleurs. La crise ne leur a presque rien coûté. Alors pourquoi ne pas recommencer ?

2011, la fête a repris de plus belle à Wall Street. Et les milliers de lobbyistes, économistes, analystes qui vivent aux crochets de ses frasques passent maintenant le plus clair de leur temps à pérorer en expliquant que placer une restriction sur la capacité des banques à emprunter en fonction de leurs réserves en capital va peser sur le marché du crédit et fragiliser la reprise mondiale, et que modifier le système de rémunération des traders n'est pas une solution… Tout va bien, rien n'a changé. *Greed* : l'âpreté au gain, sans limite, continue de faire tourner la finance. Là, plus que partout ailleurs, l'argent rend fous ceux qui le servent. Et la finance leur a conféré un pouvoir aujourd'hui dangereux pour le reste du monde.

L'économie de marché serait-elle vouée à être laissée aux mains d'irresponsables ? Petit quart d'heure d'archéologie économique, où l'on redécouvre des choses étonnantes.

Remontons jusqu'au Moyen Âge et arrêtons-nous à Assise. Vers 1180, dans le tumulte de l'éclosion des communes italiennes, y naquit Giovanni di Pietro Bernardone, fils d'un riche marchand de tissu, qui devint François d'Assise : l'homme qui choisit de vivre simplement. Ne rien posséder, donc ne rien capitaliser, c'est l'obligation que se faisaient les frères mineurs en embrassant sa règle de pauvreté volontaire. Ce renoncement se traduisait par l'impossibilité de recevoir une forme quelconque d'argent, jugeant celui-ci incapable de représenter autre chose que la projection d'une envie ou d'une crainte pour le futur. Contrairement à un morceau de pain ou à une pièce de tissu perçus comme l'incarnation bien réelle, reçue d'autrui, et à accepter comme elle vient, de ce qui comblera un besoin immédiat.

Le tiers ordre franciscain, constitué de laïcs engagés dans la cité, fut, dans ce domaine, un intermédiaire vital entre la société civile et les premières fraternités franciscaines, chargé de transformer les dons des laïcs en biens matériels susceptibles de répondre aux besoins immédiats des frères et de redonner le reste à bon escient. Refusant la capitalisation et la thésaurisation, les franciscains durent donc penser la valeur sociale de l'argent, son excès, sa redistribution, et donc sa juste réallocation immédiate et, partant, la dimension morale du marché, qui assurait la liquidité de ces surplus et déficits.

Sans qu'ils soient nullement économistes, les franciscains furent ainsi par obligation les premiers penseurs du rôle social de l'argent. À tel point que quelques siècles plus tard, il n'était pas rare que soient nommés des membres du tiers ordre à la tête de l'administration des ensembles économiques les plus importants et les plus complexes d'Europe : octrois, cours d'eau, hôpitaux, etc. Et si les marchands étaient, on le sait, très loin d'être en odeur de sainteté dans la société médiévale, pour des raisons à la fois culturelles, sociologiques et religieuses, les écrits des XIIIe et XIVe siècles montrent que les franciscains furent les premiers à leur conférer un rôle social essentiel dans la cité. Mais dans le même temps, l'honnêteté et l'expertise du marchand furent posées comme des vertus fondamentales, à la fois nécessaires et suffisantes, pour le fonctionnement juste du marché, et donc de toute l'économie.

Reprenant ces notions, les premiers juristes au XVe siècle établirent que le prix « à dire d'expert » est celui qui respecte le mieux l'intérêt de chacune des parties dans une transaction commerciale, quelle qu'elle soit, et peut donc fonder un accord durable entre elles, une stabilité de leur relation, une confiance, qui seule permet de développer les affaires. Ce prix est celui qui a été estimé par « le marchand qui jouit dans l'enceinte de la cité de la meilleure réputation ». Non pas le plus habile des marchands, ni le plus avide, ni le plus rapide, ni le plus riche, ni le plus puissant, ni encore le mieux payé, ou celui dont les aventures défraient la chronique, mais celui en qui on peut avoir confiance, car il est l'expert de ce métier. Il ne figure très probablement en tête d'aucun hit parade, aucun classement people des fortunes ou des managers. Pas de portrait de lui dans les magazines du week-end. Mais c'est pourtant sur lui, sur son expérience, sa tempérance, sa modération, sa capacité à prendre du recul, à traiter les personnes et les choses avec équanimité, fondements de sa réputation, que repose tout le système bâti en Europe il y a cinq siècles.

C'est ainsi que ce prix est encore aujourd'hui appelé en langage juridique *fair market value* : un « juste prix », formé dans un mécanisme de marché. Et que la notion de « bonne foi » (*good faith* en anglais) suffit dans les contrats commerciaux – même lorsqu'ils traitent de milliards d'euros – à résumer en deux mots l'intention des parties, sans qu'il soit besoin d'en décrire plus précisément les contours et les conditions. Au contraire, un bon juriste vous le déconseillera car la jurisprudence est suffisante en la matière. C'est dire la richesse de ce concept. Aucun contrat, donc aucun marché ne pourrait exister sans bonne foi, qui suppose la confiance nécessaire des acteurs pour conclure un accord.

L'organe de contrôle de la concurrence en Angleterre porte le joli nom d'*Office of Fair Trading*. *Fair* est ici connoté du *fair-play* britannique : littéralement, un commerce « juste, équitable ». C'est de cela qu'il s'agit : l'équité dans le commerce comme norme de son fonctionnement. Il est donc clair que la question de l'équité dans la transaction économique est centrale pour lui conférer son rôle social, et elle repose sur une nécessaire justesse, qui ne peut être trouvée sans une forme de modération, dans la visée même des parties. Comment une économie pourrait-elle être socialement durable sans mesure, sans tempérance ? Mais comment cette modération peut-elle être compatible avec l'idée d'une croissance infinie, d'une croissance « à tout prix » ? Avec la « maximisation » d'un quelconque intérêt ?

Il faut accepter que ce qui est possible ne soit pas forcément juste, et en tenir compte dans nos décisions économiques. Accepter que l'idée même d'une croissance matérielle infinie ne soit plus conceptuellement envisageable dans un monde qui a trouvé ses limites, pour un modèle économique qui va trouver très vite les siennes, ayant épuisé la capacité des ressources naturelles à se régénérer et à financer sa transition démographique. Accepter la nécessité de pondérer des équilibres, y compris dans le temps. Et d'une forme de continence, auraient dit les franciscains, par rapport à la puissance financière, technologique ou organisationnelle.

Distinguer le nécessaire, l'utile et le superflu : c'est impératif, et pourtant c'est le plus difficile. Car l'idée même d'une croissance sans borne pour nos entreprises trouve avant tout son origine dans la quête sans fin de croissance matérielle à laquelle chacun de nous, dirigeants, salariés, actionnaires, partenaires, aspirons. S'y abandonner, c'est ouvrir le rêve de l'éternité, récuser les limites de notre condition humaine et la contingence dont nous savons pourtant combien, au premier accident de la vie, nous sommes pétris.

Mais c'est finalement à la croissance de l'humain même que nous faisons violence en nous-mêmes, en régressant vers des fantasmes d'immortalité, mesurés par l'argent que nous manipulons, au mépris des conséquences économiques, sociales, environnementales, culturelles de ce processus prométhéen de toute-puissance. *Hybris*, la démesure, était un des plus grands crimes pour les Grecs antiques. Comment avons-nous pu accepter d'en faire le fondement même et le moteur du capitalisme, oubliant tous les principes de précaution dont les théoriciens, moralistes, juristes et économistes ont entouré l'émergence de l'économie de marché, à l'heure, plusieurs siècles plus tard, où au contraire la puissance de nos outils, de nos technologies exige plus de discernement que jamais sur ce que nous en faisons ?

C'est ce dont je discute avec un des dirigeants de TIAA-CREF, le fonds de retraite et d'assurance des enseignants américains et des travailleurs du secteur de la santé, de la recherche et de la culture, qui totalise aujourd'hui 450 milliards de dollars sous mandat de gestion. Créé en 1918, TIAA a pour « participants » plus de trois millions et demi de personnes, et plus de quinze mille ONG, universités et autres entités du secteur public ou parapublic. TIAA est actionnaire de Danone depuis très longtemps, de façon plus ou moins importante selon les époques. Je connais quelques-uns de ses gérants de portefeuille depuis vingt ans.

La mission de TIAA s'énonce ainsi : *Serve those who serve others* (Servir ceux qui servent les autres). C'est un des grands fonds mondiaux qui a pris le plus au sérieux la question de la responsabilité sociale de l'investissement. Nous discutons deux heures, complètement *off the record.* Je lui parle de nos projets, de notre vision du rôle de l'entreprise. Je sens bien qu'un pont est possible. Qu'il y a chez eux, comme pour nous, la perspective d'une entreprise au service d'autre chose. Une altérité dans la démarche, une vision de long terme. Il m'écoute, et me raconte comment TIAA a décidé de former ses millions de participants aux questions que pose l'investissement de l'épargne moderne. Des forums de discussion internet, des conférences, des rencontres où ils peuvent s'exprimer sur des questions de société et faire remonter aux dirigeants du fonds leurs questionnements, leurs souhaits. « Nous sommes à l'image de nos membres, me dit-il. Ils guident nos politiques d'investissement, les limites que nous nous fixons. Nous sommes impactés par ce que pensent ces millions de personnes au service desquelles nous sommes. »

Nous débattons alors de cette question qui me tenaille depuis longtemps : le lien entre la mission de l'entreprise et la rémunération de ses mandataires. Je lui raconte comment, quelques années auparavant, Franck Riboud a pris l'initiative de formaliser l'engagement du double projet, économique et social, de Danone issu du discours de son père Antoine en 1972, aux assises du CNPF à Marseille, par un système de rémunération variable pour tous les managers de l'entreprise reposant sur trois tiers égaux : les premiers fondés sur les critères économiques (ventes, profit, etc.) et de management, le dernier portant sur des objectifs sociaux et sociétaux (emplois, préservation de l'environnement, etc.).

À New York, l'actualité se prête à cet échange. Un an plus tôt, le 2 mars 2009, AIG, en clôturant ses comptes de l'année 2008, annonçait la plus grosse perte annuelle qu'une société ait jamais enregistrée : 62 milliards de dollars. Deux semaines plus tard, on apprenait qu'AIG Financial Products, qui avait provoqué la faillite de sa maison mère, verserait 450 millions de dollars de bonus à une poignée de ses dirigeants et traders britanniques au titre de leur contrat de travail 2008. Le scandale a été tel qu'il a fallu placer une milice privée armée devant les bureaux de la société à Londres.

Cette histoire montre que le système de rémunération des opérateurs financiers est directement en cause dans le dysfonctionnement du marché financier, tant il est déconnecté de l'utilité sociale de leur activité. Sommes-nous bien certains que ce n'est pas le cas aussi dans les grandes entreprises ? « Après tout, il ne s'agit que d'un juste retour : nos bonus ne représentent qu'une petite part des bénéfices que nous permettons à la firme de réaliser ! » Combien de fois ai-je entendu cette phrase ?

Pourtant, si l'on revient aux fondements de l'économie de marché, telle qu'elle est née dans l'Europe médiévale, du principe essentiel de la bonne foi et de l'équité comme socle de l'efficacité sociale de la transaction économique, et d'un fonctionnement juste du marché, on ne peut ignorer que la question n'est pas de savoir si cette rémunération est légitime à l'échelle des profits générés (on pourrait d'ailleurs aussi évoquer les risques que ces opérations comportent), mais de savoir si, à l'échelle de chacune des personnes engagées dans ces processus, la perspective de l'empocher fausse ou pas son jugement. L'intégrité de leur discernement en est-elle altérée ? C'est la seule vraie question à se poser.

C'est pourquoi, lorsque je serai auditionné par Michel Camdessus, dans le cadre de sa mission de contrôle des rémunérations des professionnels de marché en 2010, je n'hésiterai pas une seconde : « Oui, même si cela fait mal, et même si c'est compliqué, il faut absolument encadrer les bonus des opérateurs, et faire en sorte qu'ils ne soient pas uniquement liés à des critères de gains financiers. Rien ne changera sinon. Si les professionnels comprenaient les conséquences sociales des transactions qu'ils réalisent et avaient à en répondre au titre de leur rémunération, on recruterait aussi des profils différents. »

Chez Danone, celle qui dirige, entre autres, la salle de marché, s'appelle Florence. Elle a démarré dans la finance. Elle est ensuite passée, à sa demande, par la DRH, travaillant pendant plusieurs années au développement des équipes internationales et des organisations dans les métiers de la fonction finance dans le groupe, puis dans le domaine de la politique et des outils de rémunération au siège, avant de revenir dans l'opérationnel, pour diriger le trading desk et aujourd'hui toutes les activités de financement et de trésorerie du groupe : actions, dette, taux, devises et matières premières que nous gérons à Paris, Bruxelles et Singapour. Peu d'entre nous manipulent les chiffres comme Florence. Mais elle a, comme tout le monde chez Danone, trois tiers égaux dans son bonus : économique, sociétal et management. Et elle est avant tout une femme. Il y en a moins de 5 % dans la population mondiale des opérateurs de marché.

Un week-end au Bangladesh pour inventer une nouvelle forme d'entreprise. Vendredi 25 novembre 2005, j'atterris de nuit à Dacca, pour la première fois de ma vie. Il y en aura bien d'autres. Choc de cette ville chaotique, couverte de publicités pour les téléphones portables, qui connaît le plus fort taux de croissance de toutes les mégalopoles d'Asie. Déjà plus de douze millions d'habitants. Nous serons reçus par Muhammad Yunus, le fondateur de Grameen Bank, pionnier du microcrédit et figure de proue de la lutte contre la pauvreté. C'est à ce titre que Yunus et Grameen Bank recevront un an plus tard le prix Nobel de la paix.

Depuis plusieurs semaines, l'équipe de Grameen et celle de Danone préparent leur première rencontre. En deux jours, nous devons maintenant nous mettre d'accord sur un projet commun. Depuis le déjeuner à Paris, entre Franck et Yunus un mois plus tôt, j'ai échangé de nombreuses fois avec ce dernier, par téléphone et par e-mail. De loin, je nous sens tout près. Nous allons savoir.

Notre petite équipe arrive de Shanghai, Djakarta, Paris. Laurence Tournerie, directrice des programmes *affordability* de Danone, n'a pas pu nous rejoindre, retenue à Singapour, mais elle participera de façon décisive à la conception et au positionnement du produit. Il y a Guy Gavelle, un ingénieur tout-terrain (quarante ans chez Danone), qui a monté et géré des usines de produits laitiers, petites et grandes, dans le monde entier, et deviendra le héros de l'histoire en concevant et en construisant une micro-usine en quatre mois pour moins de 1 million de dollars ; Gérard Denariaz, un des directeurs de l'équipe de recherche scientifique de Danone, très impliqué dans les problématiques de nutrition, qui jouera, avec ses collègues de Palaiseau, un rôle-clé dans la formulation du produit ; Ashvin Subramanyam, un jeune Indien, directeur marketing d'une de nos filiales indonésiennes qui y a expérimenté des modèles de vente aux consommateurs les plus pauvres ; Jérôme Tubiana, directeur de la prospective du groupe, qui faisait déjà partie de l'équipe du double projet d'Antoine Riboud ; et moi-même.

Très vite, nous nous séparons, selon le plan de travail, pour explorer tous les aspects de la question : comprendre les enjeux de la malnutrition au Bangladesh avec le ministère de la Santé, la Banque mondiale, l'OMS, des ONG bangladaises et internationales ; comprendre l'agriculture et la structure de l'industrie agroalimentaire, les savoir-faire de transformation, les réseaux de distribution ; comprendre les paramètres juridiques, financiers, administratifs. Grameen nous ouvre toutes les portes ; beaucoup des experts que nous voulons voir viennent au siège de la banque pour nous rencontrer, ce qui nous fait gagner un temps précieux. Puis une demi-journée de brainstorming entre nous, pour rassembler nos idées, combler des lacunes. Le samedi soir, nous dînons avec l'équipe de Grameen. De retour à l'hôtel, encore de longues conversations entre nous. Nous allons passer une courte nuit.

Tôt le dimanche matin, je vois Muhammad Yunus en tête à tête pour une discussion de fond sur la gouvernance de notre projet, et affiner ensemble le concept de *social business* afin de lui donner une réalité concrète. Pendant ce temps, les équipes continuent à travailler pour synthétiser tout ce que nous avons appris, et faire la liste de tout ce que nous ne savons pas encore.

Un rapide déjeuner tous ensemble autour de la table de la salle du conseil de Grameen, et puis c'est le moment. Nous avons l'après-midi pour inventer quelque chose d'entièrement neuf. Nous débriefons Yunus et son équipe de nos premières conclusions, après vingt-quatre heures de travail. Discussions sur les priorités en matière de malnutrition, les carences évidentes, l'évaluation de leurs conséquences sur le développement physique et cognitif des enfants, les habitudes alimentaires, l'intérêt relatif de nos propositions et de nos technologies.

L'idée des biscuits, la plus simple à mettre en œuvre, est rapidement abandonnée, car la diète locale ne montre pas de déficience particulière en céréales et l'offre est déjà abondante. Yunus voudrait que nous puissions proposer une solution de nutrition infantile. Il a raison, mais c'est trop tôt pour nous, et nous décidons que ce sera pour une seconde phase. La présence d'arsenic dans l'eau pose des problèmes dramatiques. Nous enverrons des spécialistes d'Aqua, notre filiale indonésienne, pour évaluer notre capacité à répondre sur ces sujets, auxquels nous ne sommes pas préparés. En attendant, nous nous focalisons sur les produits laitiers car les besoins et les enjeux semblent immenses dans ce domaine.

Il nous faudra imaginer un produit très simple à fabriquer, incorporant des matières premières presque exclusivement locales, et pour que sa consommation ait un vrai impact sur la santé des enfants, nous devrons le fortifier en minéraux et vitamines dans des proportions qui n'ont jamais été atteintes auparavant, trois à cinq fois plus que nous ne l'avons jamais fait, sans altération du goût, de la texture, de la couleur, ni de la stabilité organoleptique dans le temps, malgré les conditions climatiques du Bangladesh et l'absence de chaîne du froid structurée. Le premier prototype qui sortira de notre atelier pilote à Palaiseau quelques mois plus tard sera couleur brique à cause du minerai de fer dans le cocktail de micronutriments… Il faudra aussi remplacer le sucre, importé, par de la mélasse de dattes, fabriquée traditionnellement à partir de la sève des dattiers, prélevée tôt le matin, à la bonne saison, puis cristallisée en pains de sucre par une cuisson sur des feux de palmes. Et faire certifier le tout par le centre de sécurité des aliments de Danone pour pouvoir y apposer la marque. Mais aussi convaincre nos collègues de Paris que vendre des yaourts Danone frais sans chaîne du froid dans les villages ne pose pas de problème sanitaire car les familles auxquelles nous nous adressons n'ont aucune capacité d'épargne, gagnent de quoi vivre pour la journée, et donc consomment immédiatement la nourriture qu'elles achètent, sans moyen de stocker.

Tout cela, nous ne le savons pas encore. Pour l'instant, après deux heures de discussions qui ont permis ce premier calage, je branche mon PC sur l'écran de projection de la salle du conseil de Grameen Bank. Nous allons maintenant écrire, pas à pas, tous ensemble, notre projet. Nous sommes une dizaine, de Grameen et de Danone, autour de la table. Pour commencer, nous écrivons ces simples mots qui en soi officialisent la concrétisation d'une utopie : « Grameen Danone Foods Limited. » La rencontre de deux mondes. À la demande de Yunus, nous ajoutons dans le nom : *A social business enterprise.*

Et puis tous ensemble, une par une, nous posons avec précaution, mais sans hésiter, les pierres de l'édifice. Chacune d'elles doit être taillée. Nous discutons de sa forme, de son emplacement. La construction doit s'agencer de façon à être intelligible pour les parties prenantes de deux organisations aussi différentes qu'une multinationale de l'alimentaire et une banque pour les pauvres, qui ne se connaissent que depuis quelques heures. La discussion est dense, mais fluide. Aucun blocage. Les consensus se construisent. Chaque proposition enrichit la précédente. Nous avons tous très envie d'être d'accord, hâte de commencer vraiment.

Vingt minutes pour : « La mission de Grameen Danone est de réduire la pauvreté par un modèle de proximité unique, apportant une meilleure nutrition aux enfants des familles les plus pauvres du Bangladesh rural. » Une heure pour : « Grameen Danone poursuit sa mission en mettant en œuvre un modèle d'entreprise unique, reposant entièrement sur la proximité, dont le modèle de production et de distribution associe les communautés locales. L'entreprise réduira la pauvreté en amont en associant les fermiers, et en améliorant leurs pratiques d'élevage ; dans l'usine, en mettant en œuvre des processus techniques permettant d'employer au maximum des membres de la communauté locale, voire des handicapés, et en aval en contribuant à la création d'emplois grâce à son système de distribution. » Un quart d'heure pour : « La mesure de l'impact sur la pauvreté se fera grâce aux indicateurs utilisés par Grameen Bank, et sur le statut nutritionnel des enfants, par une méthodologie scientifique à définir et à proposer par Danone. » Une heure et demie pour : « Après la phase de démarrage, Grameen Danone ne devra pas faire de pertes. Tous les profits seront réinvestis dans la poursuite de sa mission. Elle devra atteindre l'autonomie en trésorerie dès que possible, de façon à accélérer la réplication de son modèle. » Trois minutes pour : « Le principe d'égalité régira les rapports entre Grameen et Danone dans leur contribution au projet. »

C'est terminé. Nous sommes d'accord pour signer l'accord juridique dans quatre mois, et inaugurer l'usine dans un an. Quand nous nous quittons, nous avons tous le sentiment jubilatoire d'avoir été témoins de la naissance de quelque chose de nouveau. Il aura fallu bien des années de maturation, un déjeuner à Paris et un week-end à Dacca.

En 2006, Muhammad Yunus et Grameen Bank reçoivent le prix Nobel de la paix et quelques semaines plus tard, à l'occasion de l'inauguration de l'usine de Bogra, la couverture du magazine *Fortune* titre : « Sauver la planète : et si la prochaine grande idée était ce petit pot de yaourt ? » Pas facile de répondre à cette question.

Nous échangeons beaucoup, avec Yunus, dans le courant de l'été 2006, pour affiner le concept de social business. Nous avons dépassé l'idée initiale de *No profit, no loss* (Pas de profit, pas de perte). Il reste clair que les pertes sont exclues du modèle, car il s'agirait d'une activité subventionnée et pas d'une entreprise. En revanche, nous convenons que le profit n'est plus proscrit. Il est même évident que, sans en être nullement un objectif, il est une condition nécessaire pour la pérennité de l'entreprise. Mais c'est sa distribution aux actionnaires qui ne fait pas partie du modèle du social business. Tout le profit sera donc réinvesti dans l'entreprise, pour l'aider à poursuivre et accélérer la mission sociale que les actionnaires lui ont assignée : réinvesti en baissant les prix pour accroître la consommation, donc l'impact sur la malnutrition, ou en augmentant la marge de distribution pour favoriser le revenu des *Shokti Ladies*, comme on appelle les Bangladaises travaillant à la vente des yaourts Shokti-Doi, ou encore en augmentant le prix d'achat du lait pour réduire la pauvreté des fermiers.

Le social business devient donc en fait du *no dividend business*. Nous insistons sur la nécessité d'une autonomie en trésorerie aussi rapide que possible, de façon à limiter tant le montant que la durée de la mise de fonds initiale, ce qui permettra de favoriser la réplication du modèle et son adoption par des entrepreneurs aux capacités financières limitées. Ainsi, à l'opposé de l'idée selon laquelle l'entreprise doit maximiser la valeur pour ses actionnaires, le social business propose un modèle où la totalité de la valeur créée est partagée avec la communauté des autres parties prenantes de l'entreprise. Au fond, il repose sur l'idée simple que les actionnaires trouvent dans l'impact social de l'entreprise la rémunération de leur investissement financier.

En soi, cette idée intéresse le groupe Danone. Moi-même je suis persuadé depuis longtemps que l'une des plus grandes limites du marché financier est précisément que les opérateurs n'y prennent leurs décisions que sur la base d'un seul critère : le rendement financier. Or je ne vois que des raisons organisationnelles à cela, pas de raisons systémiques. Ouvrons les pages roses de n'importe quel quotidien : des noms d'entreprises, puis à droite des colonnes remplies de chiffres. Allumons un écran Reuters ou Bloomberg : même chose, que des chiffres ! Les esprits cartésiens, raisonnables et pragmatiques objecteront tout de suite que « c'est comme ça ». Et que le mandat donné par les bénéficiaires ultimes des fonds placés dans les organismes de gestion collective est clair : gagner autant que possible. Certes. Mais avant même de postuler qu'il n'y aurait aucune « demande » différente, posons-nous un instant la question de savoir s'il y a au moins une « offre » de produits financiers différente. Pour les grandes entreprises, la réponse est non.

Nous nous proposons donc de prendre le sujet à l'envers. Au lieu de tenir pour acquis que tous les investisseurs ne sont intéressés que par le rendement financier, nous allons leur proposer un instrument financier qui ne donnera à leur épargne qu'un faible rendement, mais beaucoup de sens. Ce sera donc un laboratoire grandeur nature. C'est ainsi qu'à l'automne 2006, nous décidons de créer danone.communities. Avec un petit « d » et un point entre les deux termes. Un point qui marque à la fois l'existence de quelque chose entre Danone et ces communautés, et une distance qui respecte la logique de l'un comme des autres. danone.communities sera un outil de financement, de soutien et de promotion de nos expériences de social business. Pour travailler à une échelle suffisante sur cette question du sens de l'épargne, nous dessinons une plate-forme qui sera ouverte au grand public, et pas seulement à quelques investisseurs spécialisés. Après quelques tâtonnements, ce sera finalement une SICAV monétaire, ouverte au grand public, dont une partie des fonds sera investie dans nos projets de social business. L'idée est loin d'être acquise dans le cadre institutionnel classique (le contraire aurait été surprenant).

Il faudra réunir la créativité de Xavier de Bayser, le patron d'Ideam au Crédit Agricole, l'engagement du Crédit Lyonnais à commercialiser notre produit dans son réseau, l'aide de l'Agence française de développement, qui nous propose de couvrir 50 % des pertes de valeur de nos projets pour atténuer le risque du grand public. Le Bangladesh n'étant pas dans la liste des pays couverts dans la lettre de mission de l'AFD, Jean-Michel Severino, qui en est le patron, et Luc Rigouzzo, qui en dirige l'activité d'investissement, obtiennent en quelques jours de leur ministère de tutelle une extension de périmètre géographique. Puis c'est au tour de Gérard Rameix, le patron de l'Autorité des marchés financiers, de nous donner un sérieux coup de main avec ses services, pour obtenir en quelques semaines les dérogations au régime général nécessaires à la mise en œuvre de notre schéma.

Pour finir, afin de protéger l'épargne des souscripteurs, seuls 10 % des montants investis dans la SICAV pourront financer nos projets de social business. Cela me paraît bien peu. Mais nous avons voulu créer quelque chose de nouveau dans un cadre institutionnel existant, bâti dans un tout autre objectif. C'est donc à prendre ou à laisser. Nous prenons, car je sens que nous ne pourrons pas faire beaucoup mieux, d'autant que ce système va tout de même nous permettre de couvrir les besoins des projets pour les deux à trois premières années.

Mi-décembre 2006, le sujet est porté devant le conseil d'administration de Danone. La discussion est très animée et tourne autour des questions de gouvernance. Comment allons-nous gérer les conflits d'intérêts entre Danone et danone.communities, la propriété intellectuelle, l'usage des marques, les extensions possibles de responsabilité juridique, la coexistence éventuelle, dans certains pays, d'activités de social business avec les activités classiques du groupe ? Après plus de deux heures de débat, le conseil nous donne l'autorisation de créer danone.communities et avalise la mise de fonds initiale, minoritaire, du groupe dans la SICAV, pour 20 millions d'euros.

Le 18 décembre 2006, un peu plus d'un mois après avoir inauguré l'usine de Bogra au Bangladesh, nous convoquons en fin de journée une conférence de presse à Paris au cours de laquelle Yunus explique pourquoi il a accepté de prendre la vice-présidence du conseil d'administration de danone.communities. La presse française découvre le social business. Franck relit quelques lignes du double projet économique et social, extraites du discours prononcé par son père Antoine trente-cinq ans plus tôt. La roue tourne. Nous démarrerons quelques mois plus tard, après l'assemblée générale des actionnaires du groupe qui autorise la mise de fonds, avec un capital total d'environ 70 millions d'euros.

Pour emmener l'aventure danone.communities, nous rappelons de Guadalajara, sur la côte ouest du Mexique, un jeune dirigeant du groupe, Emmanuel Marchant. Il y est le patron d'une de nos activités de distribution d'eau en bonbonnes, gérant cinq mille salariés, des centaines de camions, après être passé par la direction de la stratégie de Danone. Désormais, on apercevra sa tignasse blonde, son regard malin et son sac à dos sous toutes les latitudes, et dans des endroits aussi improbables que cruciaux pour la mission qu'il accepte : lancer et développer l'utopie qu'est danone.communities.

Outre la gestion des projets, le développement de la communauté apparaît comme une priorité car c'est elle qui va nous donner les moyens dont nous aurons besoin. À cette fin, il nous faut recruter des actionnaires, et pour qu'ils accèdent au rendement social de leur investissement financier, il nous faut réinventer complètement la relation entre le projet d'entreprise et ses financeurs.

Les règles boursières nécessitent une très grande vigilance sur le traitement de l'information des entreprises cotées. L'équité dans la diffusion, la protection des données confidentielles sont des exigences qui structurent totalement le fonctionnement des relations entre émetteurs et investisseurs. Aucune spontanéité, aucune créativité, aucune improvisation n'y est possible. Ce serait même pénalement répréhensible ! Nous nous affranchissons allègrement de cette contrainte : les actionnaires de danone.communities savent à peu près à quoi s'en tenir pour le rendement de leur investissement : ce n'est pas pour l'argent qu'ils sont actionnaires.

Très vite, la discussion avec eux se centre sur les motivations réelles de leur engagement : comment vont les projets ? Quel est leur impact ? Comment peut-on aider ? Et là où le profit sépare d'habitude les actionnaires (la part qui est distribuée à mon voisin ne me revient pas), le rendement social les rassemble et les réunit au contraire. Ils s'agrègent autour des projets pour former très vite une communauté. Au lieu de diviser par le profit, le social business multiplie par le sens.

Avec l'aide des équipes RH, nous mettons très vite en place un système qui permet aux salariés français d'investir dans danone.communities en y consacrant une partie de leur intéressement. Chaque année, ils peuvent panacher trois options : toucher cet argent en numéraire, souscrire à des actions Danone avec une décote de 20 % (selon les dispositions légales) ou souscrire à des parts de danone. communities (évidemment sans décote).

Nous organisons des tournées d'information dans tous les établissements français, qui à chaque fois font salle comble. En mars 2007, le siège du groupe à Paris et nos équipes de recherche à Palaiseau font la première expérience. Petit film sur les projets de danone.communities (au Bangladesh, puis au Cambodge et au Sénégal), intervention de ceux qui sont allés sur le terrain, discussion, écoute, partage.

À notre grande surprise, dès la première expérience, un tiers des salariés choisit de financer danone.communities. Le montant moyen souscrit nous laisse pantois : 1 400 euros par personne. Dès lors, nous recommencerons chaque année. Les réunions seront étendues aux usines, où les ratios d'investissement s'avèrent les mêmes. Le potentiel d'attraction grandit même avec le temps car le portefeuille de projets s'élargit. Démarré en 2009, le projet mené conjointement par Blédina et danone.communities sur la nutrition infantile pour les foyers les plus modestes en France répond ainsi à une attente de longue date : pourquoi ne s'intéresser qu'aux problématiques de nos métiers dans les pays émergents ? N'y a-t-il pas quelque chose à faire « chez nous » ? Par ailleurs, certains salariés peuvent, grâce au système de gestion des talents de la communauté que nous avons commencé à mettre en place, aller eux-mêmes sur le terrain, et témoignent autour d'eux.

En 2011, plus du tiers des salariés français a déjà choisi de devenir actionnaire. La communauté grandit aussi autour de Danone et de danone.communities. Le patron d'un de nos syndicats m'a confié un jour que son directeur financier avait placé une partie de leur trésorerie dans les parts de la SICAV. Il en est de même d'une très grande ONG française. Et d'un altermondialiste radical, rencontré en Inde, qui m'a dit qu'il n'avait jamais acheté d'actions en Bourse, mais qu'il voulait placer les quelques liquidités de sa toute petite organisation en actions danone.communities, et même en actions Danone. Le monde à l'envers !

Un jeune de la génération internet, Olivier Maurel, est venu voir un jour de 2008 Emmanuel Marchant et lui a dit en substance : « Ce que vous essayez de faire est génial, mais vous vous y prenez comme des manches pour animer votre communauté. Je voudrais travailler avec vous et vous aider. » Olivier fait entrer danone.communities dans le monde du web, de l'interface *real time*, des webcams, des blogs, des conférences TEDx et de tout un monde qui, de la France au Japon, en passant par les États-Unis ou l'Allemagne, sous-tend l'innovation sociale, mixant les domaines techniques, les générations et les continents : avec sa webcam, il a raté de peu Lula dans le hall de son hôtel à Belém lors du Forum social mondial en 2009, mais attrapé Mark Zuckerberg lors d'un passage à Paris et convaincu Mitchell Baker, la patronne de Mozilla, de nous rejoindre pour un événement organisé autour de Digital4change l'année suivante.

Trois ans plus tard, nous avons financé plus d'une dizaine de magnifiques projets dans autant de pays, fragiles, instables, mais tous très novateurs. De véritables laboratoires d'entreprise. Car le statut de social business a permis de créer une étonnante dynamique avec les ONG. En excluant le profit de nos objectifs, et en nous excluant de son partage, nous avons créé une zone démilitarisée, qu'elles ont tout autant envie que nous d'explorer. Cette collaboration donne des résultats surprenants, car nos équipes et les leurs apprennent mutuellement des regards complémentaires que nous portons sur les problématiques que nous tentons de résoudre ensemble, et du savoir-faire technique de nos communautés respectives.

Un certain nombre d'ONG et de fondations, en France, en Inde, au Bangladesh, en Afrique, y ont vu la possibilité de pallier la baisse structurelle, récente ou prévisible, des dons privés ou des budgets publics qui concourent à financer leur action aujourd'hui. Elles dialoguent avec danone.communities sur les modalités de ce système, certaines proposant même de transformer leurs projets sur le terrain pour les structurer en social business, et leur donner ainsi une pérennité.

Yunus et son idée de social business dont le Grameen Creative Lab promeut le développement, et danone.communities avec eux, ont ouvert une voie, qu'explorent d'autres entreprises à leur tour, y trouvant comme nous des sources d'innovation, d'inspiration et de motivation. Chacune, chacun à son rythme, et selon sa propre histoire, sa propre culture. Chacune avec ses contradictions, ses hésitations – mais qui n'en a pas ?

Nous tâtonnons tous à la découverte d'un nouveau monde, fascinés par ses horizons, presque à la frontière du virtuel, tant il est présent dans la réalité concrète que nous côtoyons tous les jours, attirés par ses richesses culturelles, économiques, sociales, humaines. Que ferons-nous de cette conquête ?

Copyleft. J'adore ce mot. Petit exercice ludique.

Avisez un copyright, un petit « c » dans un cercle. C'est facile à trouver : nous sommes cernés par eux, car ils sont le symbole de la propriété privée dans le monde économique (autrement dit, son fondement) : « J'ai inventé ceci. Ceci m'appartient. Telle technique, telle marque, telle forme, telle couleur, telle idée. Tu n'as pas le droit de la copier, c'est mon idée, je l'ai eue en premier. Si tu veux l'utiliser, tu dois me payer quelque chose ». Sinon, c'est la prison.

Ce © assure à son propriétaire une rente économique. Nul doute que cette disposition juridique soit nécessaire, et utile pour protéger les innovations. Après avoir « emprunté » des éléments de code informatique d'une start-up concurrente pour compléter les leurs et rattraper ainsi leur retard, c'est grâce à ce © que les jeunes et géniaux fondateurs de Microsoft ont assuré à leur entreprise 80 % du marché mondial des systèmes d'exploitation d'ordinateurs individuels et sont devenus les personnes les plus riches du monde.

© : avoir, aujourd'hui et pour longtemps.

Maintenant, vous allez vous servir d'une clé imaginaire. Pour pouvoir la saisir, il vous faut d'abord fermer les yeux et reprendre conscience de ce que vous êtes, vraiment, au-delà de ce que vous avez. Cette clé, c'est celle de l'« autre monde ». La clé de l'utopie. La clé des champs ! La clé de votre créativité, de ce qui en vous ne détient rien, ni le temps ni l'espace, la clé de ce qui s'y déplace et y circule librement, sans contrainte, sans chercher à rien saisir, retenir, détenir. La clé de l'« économie buissonnière », celle qui s'aventure hors des sentiers battus, et rebattus par les théories macro et micro-économiques, les modèles de Pareto, les systèmes monétaires de Milton Friedman, les options de Black-Scholes, et tout le grand cirque. Oui, vous êtes plus que tout cela. Si vous accédez un instant à cette conscience, alors vous apercevrez cette clé. Elle sera dans votre main, elle sera votre main.

Maintenant, approchez votre index de ce ©. Votre index sera sa clé, et il va l'ouvrir comme une serrure. Tournez doucement vers la droite (ou la gauche, peu importe !) Encore... encore un petit peu. Voilà. Il faut faire exactement un demi-tour. Ni plus ni moins. C'est-à-dire prendre le problème à l'envers... Retirez l'index doucement et regardez bien : le © est inversé, 🄯. Il ne dit plus que telle propriété est protégée par un « droit de copie » (*copy right*) mais que l'on vous « laisse copier » (*copy left*).

Alors, si vous le voulez, profitez-en : entrez, c'est ouvert, c'est gratuit ! Le monde du copyleft est ouvert. En réalité, nous vous attendions, depuis longtemps. Nous avons besoin de votre créativité, de votre énergie, de votre envie, pour inventer ensemble du nouveau. Car, passé ce seuil, il n'y a plus qu'une seule règle : vous pouvez vous servir de tout ce que vous y trouvez pour construire vos projets, mais tout ce que vous y découvrirez, tout ce que vous apporterez, tout cela sera à la disposition de ceux qui respecteront, à leur tour, la même règle.

On appelle aussi le copyleft *open source* dans le monde des technologies de l'information. Outre qu'elle a donné l'internet aux internautes, grâce au modèle open source de Linux, elle inspire encore aujourd'hui la lutte des petits contre les gros : Mozilla et ses quatre cents millions de membres utilisateurs contre le géant commercial Google. Mais quelle sera la première licence copyleft dans l'économie matérielle ? Depuis le début, je suis persuadé que copyleft et social business vont de pair. L'idée est simple : notre savoir-faire développé en social business est à votre disposition gratuitement, à la seule condition que vous vous engagiez à votre tour à l'exploiter sous la même forme, et à mettre vos propres développements au service de la communauté des entrepreneurs de social business. Le copyleft est au social business ce que le copyright est au business tout court.

Sur la Côte ouest des États-Unis, là où est né l'open source, des avocats spécialisés dans le domaine nous proposent des heures *pro bono* pour réfléchir avec nous. Viennent à Paris pour poursuivre les discussions. Mais nous ne sommes pas encore prêts. Je me sens redevable à l'égard de ces pionniers, qui ont cru en nous, et à qui nous n'avons pas su répondre : Dave Stephens, qui a fondé et développé des entreprises dans l'informatique et les technologies de la communication, un fan de Yunus dont il a fait lire le livre à bon nombre de membres du Congrès américain ; son ami avocat, Ryan Tibbitts, spécialisé dans la propriété intellectuelle et l'open source, et d'autres encore.

Début 2007, Jeffrey Sachs, qui anime les « Objectifs du millénaire » à l'ONU, demande à me rencontrer sur le sujet. Dans son bureau de l'université de Columbia à New York, nous discutons avec lui et plusieurs membres de son équipe. Il voudrait vraiment que nous démarrions un modèle de micro-usine en social business dans l'un des *Millenium Villages* d'Afrique centrale. Je suis assez séduit par l'idée. Bernard Giraud, le patron de la « valeur partagée » de Danone, et Guy Gavelle, qui a construit l'usine du Bangladesh, se rendent sur place pour en évaluer la faisabilité. L'équipe de Jeff rappelle et insiste. Mais pour nous, il est trop tôt. Notre modèle n'est pas encore en état de pouvoir être répliqué, notamment dans des conditions de densité de population et de gouvernance si différentes de celles de l'Asie. Nous continuons cependant à être sollicités pour reproduire le modèle de Bogra. Des demandes qui viennent du Pakistan, d'Inde, du Sri Lanka, des Philippines. Pourrions-nous mettre en ligne et gratuitement, en licence copyleft, les plans de l'usine bangladaise, les spécifications fournisseurs, les procédures qui permettent de la faire fonctionner ?

Les conditions du copyleft sont très complexes à mettre en œuvre dans l'univers de l'alimentation, car il ne s'agit pas seulement d'inventer un programme informatique qui fonctionne. Les applications développées par les cent mille ß-testeurs de Mozilla sont d'ailleurs testées, rodées, jour et nuit des milliers de fois, avant d'être le cas échéant mises en ligne à la disposition des internautes. Mais dans notre cas, il n'y a aucune place pour l'approximation. Il y va de la sécurité alimentaire de populations qui sont déjà en situation nutritionnelle difficile. Et, plus prosaïquement, des erreurs manuelles peuvent conduire à une altération du goût ou de la texture du produit qui pourrait nuire gravement à sa commercialisation, et donc à la pérennité économique de l'entreprise et de sa mission sociétale.

Impossible donc de laisser chacun essayer le modèle, ou des modules de celui-ci. Il nous faut des systèmes plus complexes, plus sûrs. Nous imaginons une procédure de certification préalable, une formation des entrepreneurs et une accréditation. Dave Stephens me parle de son système de communication satellitaire capable de transporter à très faible coût des données et des images. Fonctionnant sur batterie solaire, il permet de communiquer entre l'Afrique et les États-Unis. Nous envisageons de placer des webcams et des capteurs sur les parties critiques des processus de la micro-usine qui serait licenciée en copyleft. Ils seraient reliés par satellite à des centres d'expertise qui pourraient diagnostiquer les principaux problèmes des mini-sites de production connectés au réseau, et des lecteurs optiques de code barre permettraient de n'autoriser la maintenance et la réparation des parties les plus complexes qu'à des techniciens accrédités. La gouvernance de tout ce réseau resterait à inventer.

Rien de tout cela n'est simple. Quand pourrons-nous donc faire entrer danone.communities dans l'univers de la « reproduction libre » ?

Juin 2010. Jean-Marc Lagoutte débarque dans mon bureau. Jean-Marc est le directeur des systèmes d'information de Danone. Son univers est celui de la très haute performance. Au travers d'un système SAP global (un système d'information intégrant tous les processus de l'entreprise, que l'on appelle ERP), centralisé sur deux centres de données mondiaux gérés par IBM pour notre compte, transitent des millions d'informations chaque jour grâce auxquelles nous pouvons gérer l'entreprise dans le monde entier. Depuis plusieurs années, nous réfléchissons avec son équipe à la façon d'adapter ces processus informatiques aux situations radicalement différentes que nous rencontrons dans les pays les plus pauvres, et même dans l'univers de danone. communities.

Ce matin-là, Jean-Marc a l'air content, il vient m'annoncer une bonne nouvelle. Son équipe a pris le problème complètement à l'envers. À partir de modules de logiciels disponibles en open source sur internet, ils ont, en quelques semaines à peine, développé un véritable micro-ERP, dont il me fait une petite démonstration du prototype. Je jubile. Ce système coûtera une fraction de ce que les développements des grands intégrateurs nous auraient coûté et c'est exactement ce dont nous avons besoin ! Il tourne sur un PC portable, et est connectable à un réseau ou à un centre de données à l'autre bout de la planète le cas échéant. Il peut gérer, en respectant nos modes opératoires essentiels, des processus d'achat, de production, de vente, de distribution simples. Il est ainsi adapté aussi bien à nos mini-usines au Bangladesh et en Inde qu'à nos centres de production d'eau dans les villages au Cambodge, en Inde ou au Mexique, ou à nos activités au Sénégal. Deux petites filiales de Danone, en Colombie et aux Pays-Bas, se portent même volontaires pour en essayer le premier pilote, qui fonctionne en un temps et à un coût record. Quelques semaines plus tard, il sera adopté par Naandi Water, qui apporte de l'eau potable à plus de quatre cents villages en Inde, pour structurer les systèmes d'information et les processus de notre social business commun.

Décision immédiate : cet ERP sera le premier module copyleft de Danone et il sera mis en ligne, en accès libre sur internet, pour les entrepreneurs du monde entier qui voudront l'utiliser. Cette coconstruction assurera sa robustesse et son développement, et donc sa pérennité et sa performance.

Nous venons enfin de faire un tout premier pas dans l'univers du copyleft. Vivement le suivant !

29 mai 2001, Paris, assemblée générale des actionnaires de Danone. La première pour moi.

Elle se déroule au lendemain des élections législatives en France, en pleine « affaire LU ». L'ambiance est tendue. La présence de cars de police témoigne de la crainte de manifestations. Beaucoup de questions de petits actionnaires, de journalistes. Il y a deux mille personnes dans la salle. Franck Riboud est en première ligne pour défendre le projet de réorganisation, sa cohérence stratégique, économique, sociale. Nous sommes trois autour de lui, sur l'estrade. On m'apporte au fur et à mesure des questions écrites de la salle, nombreuses, et je les trie, pour que nous puissions y répondre. La plupart portent sur la restructuration engagée dans notre activité biscuit. J'ai conservé celle-ci, que je n'ai pas portée à la connaissance de l'audience ce jour-là : « Bonjour. Pouvez-vous nous préciser s'il y a des licenciements secs chez LU ? Dans l'affirmative, les petits ruisseaux faisant les grandes rivières, pouvez-vous nous communiquer un numéro de compte où les actionnaires qui le souhaiteraient pourraient verser tout ou partie de leurs dividendes en faveur des laissés-pour-compte ? Signé : Jean-Claude L., dix actions. »

Un autre monde est possible. Je m'en souviendrai sept ans plus tard.

2008, une autre crise : celle-ci est mondiale et, dans les entreprises, c'est le branle-bas de combat. Le marché automobile s'effondre partout dans le monde. La faillite de General Motors et ses conséquences sur l'emploi aux États-Unis font peur. En France, le gouvernement a demandé aux deux grands constructeurs qu'ils participent financièrement au sauvetage de leurs fournisseurs pour éviter leur faillite. Les méthodes d'achat du secteur automobile sont connues pour être musclées. À force de faire pression sur les plus petits, les plus forts vont les tuer, et peut-être mourir avec.

29 novembre 2008. Cette nuit-là, je fais un cauchemar, que je raconterai plus tard à quelques-uns de mes collègues de bureau : nous sommes sur le *Titanic*, dans la salle de commandement, en pleine nuit, scrutant l'horizon. Soudain, un cri : « Iceberg droit devant ! » Alors tout me revient d'un coup, en flash-back : on nous avait dit qu'il ne pouvait pas y avoir d'iceberg, et nous n'avons pas vu venir la crise. Nous pensions aussi et clamions haut et fort que l'économie était insubmersible. Et puis ce souvenir terrible qui remonte à ma mémoire : nous savons depuis le départ qu'il n'y a pas assez de chaloupes pour tout le monde ; il y en aura pour les premières classes, mais pas pour ceux qui resteront derrière les grilles, au troisième sous-pont. J'assiste au choc, impuissant. Effroyable. Puis le chaos. Je me réveille hébété, en nage, au milieu de la nuit. Les images me hantent. Une boule me monte à la gorge et libère des sanglots que je n'arrive pas à calmer. Impossible de me rendormir. Enfin, un demi-jour se lève péniblement sur un samedi matin froid et plein de grisaille.

Un café pour me réveiller. Oui, c'est vrai que je suis pessimiste pour l'économie mondiale. Nous aurons peut-être à choisir entre la protection de nos actionnaires, celle de nos salariés et celle de nos fournisseurs et de tous ceux qui dépendent de Danone pour faire bouillir la marmite familiale. Tous ceux qui sont au troisième sous-pont, sans lesquels pourtant cette longue traversée n'aurait pas de sens. Quelle est notre responsabilité ? Devons-nous en décider seuls, et au nom de quoi, ou bien est-il possible d'associer chacun à ce choix ? Pouvons-nous mettre en place des mécanismes qui amortiraient les chocs ?

Une douche pour me remettre les idées en place. L'eau coule. Surgit une question : pourquoi ne pas proposer à nos actionnaires de prélever une partie des profits de l'entreprise, les placer dans un fonds qui servira dans la durée à renforcer l'emploi et l'employabilité autour de Danone ? Le mot d'« écosystème » me vient à l'esprit. De fait, nous sommes sur le point de céder Frucor, une entreprise de boissons en Nouvelle-Zélande, au groupe japonais Suntory, et je sais que nous allons réaliser une plus-value de plusieurs centaines de millions d'euros. Nous pourrions en allouer une partie à la constitution de ce fonds.

Il est 9 heures, j'appelle Olivier Lotz, associé de PricewaterhouseCoopers, un des commissaires aux comptes du groupe, et Lionel Koehler-Magne, un de nos avocats qui a déjà monté le schéma juridique de danone.communities : avant même d'aller plus loin, je veux tester l'idée avec ceux qui devront en répondre sur le plan comptable et juridique. Premiers échanges, en avalant un café, au pied levé, ce samedi matin. Ça semble « carrossable ». Le dimanche, je mets les grandes lignes par écrit.

Dès le lundi, j'en parle à Franck, avec qui depuis un mois je partage mes interrogations autour des sujets de protection de l'emploi. « En fait, c'est exactement ce que nous avons fait lorsque j'étais patron d'Évian en 1992 », me répond-il. Nous discutons plus avant. « Une entreprise ne peut pas se développer dans un désert économique », conclut-il. Feu vert pour avancer. Je décris le projet à Muriel Pénicaud, DRH de Danone, en charge de l'innovation sociétale, et lui demande d'organiser une petite équipe pluridisciplinaire – ressources humaines, finance, managers opérationnels –, qui se met instantanément au travail.

Pour que nous puissions présenter le projet au vote de l'assemblée d'avril prochain, il faut que le conseil d'administration qui la convoque en février puisse en décider et que le comité de responsabilité sociale du conseil ait rendu son avis préalablement. Or je souhaite m'assurer que nos grands actionnaires seront prêts à nous suivre avant de soumettre tout cela aux organes de décision du groupe. Bref, en ce 4 décembre, nous avons à peine quelques semaines pour concevoir le tout.

En interne, les patrons de plusieurs de nos filiales en Asie, au Mexique, en France et dans une demi-douzaine d'autres pays sont consultés sur l'idée et travaillent sur les contours des projets qui pourraient être soutenus dans leur écosystème local, afin d'affiner l'outil d'accompagnement. Enthousiasme quasi général. Nous formalisons l'« empreinte-emploi » de Danone sur les territoires où nous opérons, en amont et en aval de nos processus : elle apparaît trois à sept fois plus importante que nos propres effectifs. L'enjeu est donc très significatif et chacun perçoit très vite la puissance d'un outil comme celui-ci pour proposer du *capacity building* (comme on dit dans les ONG pour désigner l'aide à l'autonomisation des acteurs locaux), auprès de nos agriculteurs, fournisseurs, prestataires de services, distributeurs, revendeurs de rue, etc., et augmenter la performance économique et sociale de l'ensemble.

D'un autre côté, nous testons l'idée avec des personnalités du monde syndical (cet argent ne devrait-il pas aller en priorité à nos salariés, si c'est un surplus que les actionnaires sont prêts à partager ?), du développement, de la finance qui nous sont plus ou moins proches. Nous cherchons surtout à comprendre et traiter les objections. Éviter les amalgames, les dérives possibles : « Est-ce que cela ne cache pas un plan de restructuration à venir, dont cette dotation serait une forme de provision ? », me demande un analyste financier.

Après deux semaines de travail, plus d'une cinquantaine d'entretiens ont permis de repérer les sujets à traiter. Très vite, nous construisons la « V.O. ». Avant Noël, elle est prête. Elle prendra la forme juridique d'un fonds de dotation, l'un des premiers opérationnels en France. Le montant reste à calibrer. Nous oscillons autour de 100 millions d'euros. Puis vient le moment crucial : tester l'idée avec nos actionnaires. Dès les premiers jours de janvier, Pierre-André Térisse, le directeur financier de Danone, et moi-même les appelons, les rencontrons et discutons avec eux. Beaucoup perçoivent la pertinence de l'idée, sa cohérence avec ce que nous leur faisons part de Danone depuis des années. Sur ce projet, nous ne pouvons en aucun cas leur assurer de retour sur investissement. La performance de ce fonds ne se mesurera que sur le plan social : l'emploi et l'employabilité dans notre écosystème, pour en assurer la plasticité. Il ne sera pas géré par

Danone seul et devra, pour répondre aux critères des fonds de dotation, servir l'intérêt général. Il est expérimental. Nous rendrons compte de ses résultats. L'idée est que dans cinq ans au plus tard, les 100 millions aient été « consommés ».

Le débat s'instaure avec eux sur les équilibres. Ce montant sera-t-il prélevé sur le dividende ou bien sur les réserves de l'entreprise ? Lorsque en conclusion, nous demandons à chacun s'il soutiendra l'initiative lors de la prochaine assemblée générale, à la réponse positive de principe s'ajoute souvent une condition sur le maintien de la politique de dividende. Nous ressortons confortés par ces discussions. Avec le bon équilibre entre le montant de la dotation et celui du dividende, le projet sera soutenu par tous nos grands actionnaires, français comme anglo-saxons. Il restera au conseil de février à décider de cet équilibre.

Nous contactons les personnalités que nous souhaiterions voir siéger au conseil d'orientation de ce qui sera le Fonds Danone pour l'écosystème. Autour de Franck, Pascal Lamy, directeur général de l'OMC, et Martin Hirsch, encore membre du gouvernement, acceptent d'en prendre la vice-présidence. Nous y rejoignent aussi Esther Duflo, qui a cocréé le J-PAL (Jameel Poverty Action Lab) au MIT de Boston, Ron Oswald, le président de l'Union internationale des travailleurs de l'agroalimentaire, basée à Genève, Gaby Bonnand, secrétaire national de la CFDT, Bill Drayton, le fondateur américain du réseau d'entrepreneurs sociaux Ashoka, et Lourdes Arizpe, mexicaine et anthropologue, qui a été directrice générale adjointe de l'Unesco, spécialiste des questions culturelles et de développement.

Lorsque enfin le 23 avril 2009 nous soumettons la résolution à l'assemblée générale des actionnaires, elle est approuvée à 98 % des votes exprimés. Investisseurs institutionnels et petits porteurs, français et anglo-saxons, les actionnaires d'une des plus grandes entreprises mondiales de son secteur cotée en Bourse, en pleine crise économique, décident ce jour-là quasiment à l'unanimité de soutenir un projet pertinent, à haute valeur ajoutée sociale, qui prélève sur les réserves de l'entreprise un montant équivalent à 20 % du dividende qu'ils se versent cette année-là. Avec ces 100 millions d'euros, nous allons pouvoir renforcer les cinq cent mille emplois de l'écosystème de Danone, un peu partout dans le monde, mais surtout les projets que nous allons engager vont transformer nos propres processus et modes de relation avec nos fournisseurs et prestataires de services. C'est d'ailleurs dans ce but que nous nommons à la tête de la gestion opérationnelle du fonds Philippe Bassin, le patron des achats de la division produits laitiers, qui aura désormais une double casquette et sera à ce titre placé sous la responsabilité de Muriel Pénicaud.

Deux ans plus tard, plus de vingt projets ont déjà démarré, en Ukraine, au Mexique, en France, en Indonésie, en Pologne, etc. Et vingt autres sont à l'étude. Les premiers aident à consolider déjà plus de quinze mille emplois. Il restera à le mesurer d'une façon précise. Mais déjà, partout ces initiatives participent à construire une micro-économie différente, à vivifier des bassins d'emplois, à renforcer la capacité à grandir de tous les petits acteurs économiques, qui vivent aux marges de l'organisation d'une multinationale, et à réduire leur dépendance à son égard. Partout ils remettent en perspective nos processus, font émerger d'autres pratiques possibles dans nos relations avec notre écosystème, d'autres formes d'équilibre, d'autres réglages.

Partout ils disent combien l'ancrage territorial de nos activités est fondamental, combien l'alimentation est une réalité culturelle, sociale, locale. Qu'il est peut-être possible de resynchroniser la chaîne alimentaire reliant nature, agriculture, alimentation et nutrition. Pour cela, il nous a fallu accepter de nous laisser « déplacer ». Et je sais depuis longtemps combien cet inconfort est le prix à payer pour trouver du nouveau, bien au-delà de l'imaginable.

Quand Muhammad Yunus vient à Évian en octobre 2006, les deux cents directeurs généraux des filiales du groupe Danone, réunis dans l'auditorium de l'hôtel Royal, ne savent pas tous situer avec précision le Bangladesh sur une carte. Mais le magnétisme du message de Yunus fonctionne : « L'homme n'est pas unidimensionnel », proclame-t-il. Patron de Danone au Canada, Louis Frenette, canadien lui-même, fait partie de ceux qui, dans la soirée, vont échanger quelques mots avec lui.

Il est marqué par cette discussion et rentre chez lui en s'interrogeant : « Même les pauvres au Canada sont parmi les 20 % les plus riches de la planète », se dit-il. L'idée fait son chemin. Les plus pauvres, ici, ce sont les Indiens. Privés non seulement de richesse, mais de dignité. Dans des réserves à l'écart des grandes villes, ils attendent d'avoir dix-huit ans pour toucher l'allocation gouvernementale. Le chômage atteint des niveaux absurdes de 40 % à 50 % dans leurs communautés. On parle d'un taux de suicide chez les jeunes qui avoisinerait les 20 % dans certains villages. Un sujet tabou.

Alors, avec d'infinies précautions, Louis et son équipe engagent un dialogue, long, difficile, avec la communauté d'Indiens Atikamekw de Manawan, dans la région de Montréal. Les Indiens sont les gardiens de la nature originelle du Canada, *the first nation*, sa « première nation », comme on l'appelle là-bas. Mais du savoir-faire de la chasse, des techniques de la cueillette, ils perdent à chaque génération un peu plus les secrets. Ils sont pourtant le peuple du « bleuet », la mythique myrtille canadienne. Au cours du dialogue naît l'idée de redonner à cette activité ses lettres de noblesse. Un peu de la fierté d'un peuple. Assis avec les Indiens, Louis fume le calumet qui lui est proposé. En s'appuyant sur le Fonds Danone pour l'écosystème, Danone Canada s'engage à construire un petit atelier de transformation et de conditionnement, détenu en coopérative, qui permettra à la communauté indienne de Manawan de valoriser la récolte des myrtilles sauvages. Nous en serons également clients, au Canada, et aux États-Unis, pour les incorporer dans nos produits.

Un matin, surprise des salariés de Danone qui découvrent sur le parking du siège à Montréal, au milieu des voitures qui commencent à le remplir, un Indien absorbé dans sa prière, sur le bitume. Attroupement. Louis et quelques membres de son comité de direction sont là. C'est Aaron, un ancien, le porte-parole de la communauté atikamekw. Sa prière intense, vibrante, marque toute l'assistance. Il s'interrompt brusquement, sans finir. Se relève, puis s'adressant à Louis : « J'ai prié pour bénir tout ce que nous faisons ensemble. Je terminerai ma prière lorsque toi, tu auras terminé de construire notre usine. »

Nous nous rencontrons quelques mois plus tard à Montréal. Aaron me regarde, avec son beau sourire édenté, des yeux noirs derrière des binocles d'un autre âge, une voix rocailleuse, tirant sur une cigarette. Aaron dit à Louis : « Nous souhaitons te remercier pour tout ce que vous faites pour notre communauté. Je t'apporterai un cadeau, bientôt. » Silence. « C'est une plume d'aigle, la plus haute distinction de mon peuple. »

Il se tourne vers moi : « Nous autres, Indiens, nous ne concevons pas la vie comme vous. » Je le sais bien et lui dis : « Crois-tu vraiment ? » Je sors mon BlackBerry et nous relisons ensemble ce texte qui ne me quitte jamais.

« Nous allons considérer votre offre, car nous savons que si nous ne vendons pas, l'homme blanc va venir avec ses fusils et va prendre notre terre. Mais peut-on acheter ou vendre le ciel, la chaleur de la terre ? Étrange idée pour nous. Si nous ne sommes pas propriétaires de la fraîcheur de l'air, ni du miroitement de l'eau, comment pouvez-vous nous l'acheter ?

Le moindre recoin de cette terre est sacré pour mon peuple. Chaque aiguille de pin luisante, chaque grève sablonneuse, chaque écharpe de brume dans le bois sombre, chaque clairière, le bourdonnement des insectes, tout cela est sacré dans la mémoire de la vie de mon peuple. La sève qui coule dans les arbres porte les souvenirs de l'homme rouge. Les fleurs parfumées sont nos sœurs. Le cerf, le cheval, le grand aigle sont nos frères ; les crêtes rocheuses, les sucs des prairies, le corps chaud du poney et l'homme lui-même, tous appartiennent à la même famille.

Cette terre est la cendre de nos ancêtres. Cette eau scintillante qui coule dans les ruisseaux et les rivières n'est pas seulement de l'eau, mais le sang de nos ancêtres.

Si nous vous vendons de la terre, vous devez vous rappeler qu'elle est sacrée et que chaque reflet spectral dans l'eau claire des lacs parle d'événements et de souvenirs de la vie de mon peuple. Le murmure de l'eau est la voix du père de mon père.

Nous savons que l'homme blanc ne comprend pas nos pensées. Pour lui, une parcelle de terre en vaut une autre car il est l'étranger qui vient de nuit piller la terre selon ses besoins. Le sol n'est pas son frère, mais son ennemi, et lorsqu'il l'a conquis, il poursuit sa route. Il laisse derrière lui les tombes de ses pères et ne s'en soucie pas. Il enlève la terre à ses enfants et cela ne le tracasse pas.

Encore quelques heures, quelques hivers, et il ne restera plus aucun des enfants des grandes tribus qui vivaient autrefois sur cette terre ou qui errent encore dans les bois, par petits groupes. Aucun ne sera là pour pleurer sur les tombes d'un peuple jadis aussi puissant, aussi plein d'espérance que le vôtre. Mais pourquoi pleurer sur la fin de mon peuple ? Les tribus sont faites d'hommes, pas d'autre chose. Les hommes viennent et s'en vont comme les vagues de la mer.

Mais nous savons une chose, que l'homme blanc découvrira peut-être un jour : notre dieu est le même dieu. Vous avez beau penser aujourd'hui que vous le possédez, comme vous aimeriez posséder notre terre, vous ne le pouvez pas. »

On ne sait pas très bien si ce sont vraiment les mots de Seattle, le chef indien Suquamish, en réponse à la proposition d'achat des terres de son peuple faite par les émissaires de Washington en 1854. Ce qu'on sait, c'est que pendant tout son discours, qui dura environ une demi-heure, le chef garda la main posée sur la tête du gouverneur Stevens, venu à sa rencontre.

Je range mon BlackBerry. Échange silencieux de regards. Aaron me prend le bras. En le serrant, il se penche vers moi, très sérieux : « Tu dois comprendre cela : votre cœur est noble et c'est ce que j'essaie d'expliquer à notre peuple pour faire avancer nos pourparlers. Mais mon peuple devra initier le vôtre aux réalités spirituelles de la cueillette des myrtilles, sans cela nous ne pouvons pas accepter votre proposition. Louis, il l'a compris, et il a accepté. C'est pour cela, la plume d'aigle. » Je me tais. Désormais, que ce projet aboutisse un jour ou pas, nous savons tous les deux que nous sommes du même peuple.

Au fond, que croyons-nous vraiment pouvoir posséder et qu'avons-nous en partage ?

Au cours de la leçon que m'avait donnée mon patron de Bain & Co dans le taxi, outre le fait que j'étais dans un monde à part, j'avais appris une autre vérité : dans « notre monde », s'il est un dogme politiquement incorrect à remettre en cause, c'est bien celui du « *Maximize shareholder value* ».

Les gouvernements ont cédé depuis longtemps aux attraits de ce qui s'ouvre à ceux qui font acte d'allégeance devant le veau d'or de la valeur actionnariale : marchés financiers florissants, dette publique abondante et peu onéreuse, économie en croissance. Même les syndicats semblent s'y être résolus, et après tout, n'est-ce pas beaucoup plus simple pour eux comme cela ? Au moins, les rôles sont clairs ! Si le rôle de l'entreprise est de maximiser la valeur créée pour ses actionnaires, c'est donc logiquement l'ardent impératif assigné à son conseil d'administration et à ses dirigeants. Or, pour la plupart des grandes entreprises, l'actionnaire est désormais anonyme. Sa représentation dans la sémantique managériale est simple : nous l'appelons « le marché » (financier). Nous voilà donc semble-t-il, nous, dirigeants d'entreprise, soumis au « diktat du marché ». En tout cas, les dirigeants dont on parle. Ceux, en France, du CAC 40, et ailleurs du Fortune 500. Comment en sommes-nous arrivés là ? Je n'ai aucune envie de proposer une énième relecture de la crise d'indigestion que traverse l'économie mondiale, ni de faire un cours sur l'histoire morale du capitalisme. J'en serais bien incapable. Je vais donc me contenter de résumer cent années sans dépasser trois paragraphes.

Au début, le patron était l'actionnaire et décidait de tous les réglages de la répartition de la valeur entre les uns et les autres. De droit divin. Ensuite les syndicats sont arrivés, ce qui était très bien pour les salariés, mais a poussé les patrons à moins réfléchir, car les intérêts de leurs salariés, quelqu'un d'autre s'en occupait désormais, et bruyamment en plus. Plus tard, pour grandir, les entreprises ont fait un appel public à l'épargne, et les dirigeants n'ont plus été les seuls actionnaires. Pour beaucoup, ils se sont d'ailleurs pas mal moqués des nouveaux venus.

Jusqu'à ce que ceux-ci, ragaillardis par le prix Nobel de Milton Friedman en 1976 et l'apparition du dogme de la *shareholder value maximization*, prennent de l'assurance et commencent à vouloir se faire entendre à la faveur de la montée en puissance des organismes collectifs de gestion (fonds de retraite, etc.). Et puis, grâce à la déréglementation, à l'essor de la finance de marché et à l'effet de levier de la dette, les raiders américains ont brusquement prouvé que ces discours n'étaient pas seulement pour rire et que lorsque les dirigeants ne traitaient pas suffisamment bien les actionnaires, ils pouvaient perdre le contrôle de leurs entreprises, et surtout leur job (et tous les agréables avantages qui vont avec).

Plutôt que de lutter contre ce mouvement inquiétant, les dirigeants ont prudemment accepté l'offre de paix qui leur a été explicitement faite : « Acceptez cette règle, embauchez des financiers dans votre conseil d'administration, mettez-vous plein de stock-options dans les poches, comme cela on gagnera encore plus d'argent ensemble. Nous, on dira que c'est de la bonne gouvernance de votre part et vous, vous pourrez toujours dire que c'est la faute au marché, qui vous impose son diktat. » Ainsi fut fait. On connaît la suite. Et ce n'est évidemment pas fini.

Je m'arrête parce que je me suis promis de ne pas être long sur le sujet. Pour les curieux, rassurez-vous : tout a déjà été expliqué. Éditorialistes à succès, prix Nobel, professeurs appliqués, essayistes à répétition, économistes de tout poil, hommes politiques, chacun a donné sa version de l'histoire et de la crise que nous traversons. On en trouve toujours quelques-unes des dernières interprétations dans les bonnes librairies. Mais si un jour vous avez envie de lire quelque chose d'autre, quelque chose de nouveau, et de sortir de la pensée officielle, alors il faut entrer plus loin chez votre libraire, flâner au-delà des rayons qui, près de l'entrée ou de la sortie, font la promotion des derniers penseurs à la mode (toujours les mêmes). Partir à la découverte d'ouvrages qui sommeillent dans des recoins, comme des agents dormants. Attention, leur possession fera sans doute de vous un élément subversif et instable.

À l'école buissonnière de notre modèle économique dominant, vous pourrez lire Hernando de Soto Polar, Jared Diamond, Paul Hawken, Majid Rahnema. Tant que vous y êtes, relisez les écrits de Jacques Ellul sur la technique, faites le détour par Ivan Illich et remontez jusqu'à Marcel Mauss. Là, peut-être vous perdrez-vous. Vous ne saurez plus rien, ne serez plus sûr d'aucun théorème. Il n'y aura plus aucune évidence.

Là seulement, au cœur de ces interrogations, de ces doutes, vous aurez la chance de pouvoir apercevoir les espaces anciens, vierges de la pensée mécaniste, et entrevoir des espaces neufs, connus de vous seul. Poser des questions sans avoir d'abord la réponse. Ne pas avoir réponse à tout. Laisser les questions ouvertes, et s'engager sur le chemin qu'elles invitent à explorer. Penser avec moins de certitudes, librement.

À vous de choisir : la déprimante conformité, ou l'exigeante liberté du monde du réel, que nos équations cherchent vainement à contenir, et que vous avez le droit, et même le devoir, de ne pas savoir expliquer. Vous aurez le droit de vous interroger : construit-on la même économie, et donc la même société à long terme, lorsqu'on doit globalement générer, à court terme, un rendement annuel de 5 %, ou de 15 %, ou de 25 % ? Et à qui la faute ? À la testostérone ? Au cortisol ?

Vitre ouverte pour profiter de la tiédeur de ce soir de juin, je suis en voiture, embourbé dans les difficultés du trafic parisien. J'appelle l'ami avec lequel j'ai rendez vous pour le prévenir de mon retard : « Excuse-moi, je serai là dans vingt minutes : je suis coincé dans un embouteillage. » Amusement d'entendre mon infortuné voisin, dans un élégant cabriolet, passer à son tour, en mains libres, le même appel : « Je ne sais pas si tu as invité tous les Parisiens, mais on dirait que tous ces c… ont pris leur voiture pour venir chez toi : il y a un embouteillage monstre. »

Je réalise : mais c'est de moi qu'il parle ! Une seconde de recul suffit et me revient une phrase lue quelque part : c'est vrai, il a raison, « je ne suis pas *dans* un embouteillage, *je suis* l'embouteillage » ! C'est moi, le problème. Ce n'est pas la faute de la météo, de la grève, de la mairie de Paris, des constructeurs automobiles et de leurs publicités racoleuses, ni celle du crédit à la consommation qui a permis à « tous ces c... » d'acquérir un nouveau véhicule et de le mettre sur la route, ni donc celle du gouvernement qui a dérégulé le crédit. Le responsable de ma situation, c'est moi !

Pour mon confort personnel, j'ai choisi ce soir-là un moyen de transport qui convient pour cinq personnes alors que je suis seul à bord (en Indonésie, on serait dix dans cette voiture). Mon voisin d'embouteillage a visiblement fait le même choix. Et nous sommes nombreux dans ce cas. Nous en assumons les conséquences (et nos amis qui nous attendent, aussi). Si nous recommençons demain, c'est que nous y trouvons chacun des avantages. Alors de grâce, ne nous plaignons plus des embouteillages !

Je ne suis pas victime du système, je suis le système.

Oui, bien sûr, au supermarché, il est difficile de résister à l'attrait des promotions, à la mise en avant dans les têtes de gondole, à la voix obsédante et doucereuse qui dirige chacun vers la dernière affaire : « Attention, elle ne durera que quelques minutes encore, chère cliente, cher client ! » Cela dit en substance : « Vous n'avez que quelques instants, ô chanceux privilégié, pour acheter moins cher que d'habitude un produit dont vous n'avez absolument pas besoin maintenant », et ce sentiment d'aubaine supplante tout autre critère de discernement. Ce n'est pas la marque à laquelle vous faites confiance depuis toujours ? Tant pis. Le lot est deux fois supérieur à votre consommation annuelle ? Vous aurez pris de l'avance. Vous ne savez ni d'où ça vient ni comment cela a été fabriqué ? Pas si important que cela après tout, et puis si ce n'est pas moi qui l'achète, d'autres ne laisseront pas passer cette chance, donc ça ne change rien.

Oui, je peux toujours continuer à accepter ou chercher les prix les plus bas dans mon supermarché, et continuer à critiquer le système qui ne donne plus de travail à mes proches voisins. Mais si l'entreprise locale les a licenciés, c'est parce que je préfère acheter des produits fabriqués au Vietnam et vendus trois fois moins cher. C'est aussi simple que cela, l'économie.

Je suis le système.

La dernière fois que je suis allé voir mon banquier, il m'a proposé un produit financier étonnant : un niveau de rendement de 10 %, presque garanti. Son nom, je ne m'en souviens plus très bien. Il y avait du « turbo », du « dynamique », du « privilège ». Ça avait l'air sérieux. Je me suis senti valorisé. Il faut dire qu'il s'y connaît, mon banquier. Il a le vocabulaire technique qui rassure et sait convaincre. Résultat : nous avons vendu toutes mes obligations sous-performantes (qui ne rapportaient que 3 % ou 4 % par an) et acheté plein de ce nouveau produit. J'ai eu un petit pincement au cœur, parce que certaines de ces vieilleries, c'est mon grand-père qui me les avait achetées. Il y a bien longtemps. Mais bon, mon banquier avait l'air très content (il est vrai qu'il touche une commission sur leur vente...).

Je peux toujours critiquer le casino qu'est devenue la Bourse, et me scandaliser devant le journal de 20 heures, son lot de fermetures d'usines et les profits démesurés des grandes entreprises, mais la réalité, c'est que je ne suis pas allé voir mon banquier pour lui dire : « Au travers de ces produits d'épargne, je suis actionnaire d'entreprises et je finance l'économie. Ces rendements garantis me semblent trop élevés. J'ai bien réfléchi, vendez tout ça, et achetez-moi des produits qui rapportent au maximum 5 %. Et je veux savoir ce qu'ils financent. »

Je suis le système.

L'entreprise, donc, doit maximiser la création de valeur pour ses actionnaires. Douter de ce dogme relève presque aujourd'hui du parjure et du blasphème. Allons-y quand même. Car pour démontrer l'inverse, ce n'est pas long. Il y en a pour moins d'une minute.

Une entreprise qui, pour maximiser ses profits distribuables aux actionnaires, oublierait d'investir pour le futur, exploiterait ses salariés, négligerait de payer ses fournisseurs, ou dont le prix de vente des produits ne correspondrait absolument pas à leur valeur pour ses clients, ne survivrait pas longtemps, car une entreprise n'a pas d'autre raison d'être que son utilité sociétale. CQFD. Qu'elle sacrifie ces équilibres fragiles sur l'autel de la maximisation des profits ou, comme dans d'autres systèmes, à d'autres dogmes, elle paie toujours ces aveuglements. Les entreprises d'État soviétiques, dont le but était fixé par un plan quinquennal mesuré en milliers de tonnes de production, en ont fait l'expérience, de même que certaines coopératives lorsque sous la pression de leurs adhérents, elles ont été vouées à l'optimisation des conditions d'achat auprès de leurs membres.

Les forces de rappel d'une économie libérale sont telles que la gestion d'une entreprise ne peut être autre chose que celle de grands équilibres. Ce qui est clair, c'est que l'entreprise n'existe que si elle est utile à un nombre suffisant de ses parties prenantes essentielles. Parmi celles-ci figurent bien entendu ses actionnaires, à qui elle se doit de fournir une rémunération satisfaisante et durable du risque qu'ils prennent en lui confiant leur épargne et en participant à son projet. Mais cette obligation existe tout autant à l'égard de ses salariés qui lui consacrent leur force de travail et leur talent. Or, dans une grande entreprise cotée en Bourse, aucun actionnaire n'a pris le même risque personnel vis-à-vis de l'entreprise qu'un seul de ses salariés. Aucun ne s'est endetté sur son salaire et n'a fait construire sa maison à côté de son usine, ni élevé sa famille dans cette petite ville et son bassin d'emploi. Cette même obligation entraîne donc une responsabilité encore plus forte, plus complexe à l'égard des salariés que des actionnaires. C'est une réalité. Comment la nier ? Il en va de même pour les fournisseurs, prestataires de services de l'entreprise, et ultimement pour ses clients qui, en choisissant (plus ou moins) librement et sans contrainte ses produits, sont les arbitres de l'ensemble.

L'entreprise est au service d'une altérité. C'est ce qui donne à l'économie son fondement social. De ce point de vue, une décision économique qui ne prendrait pas en compte sa dimension sociale serait une barbarie ; une action sociale qui ne tiendrait pas compte de sa dimension économique serait une utopie. On a opposé le social et l'économique, mais ils sont les deux facettes d'une seule et même réalité. La frontière entre les deux passe au cœur même de notre conscience, nulle part ailleurs.

Ce changement d'angle de vue, pour ne pas dire de vision, ouvre des perspectives très larges sur les réglages de valeur possibles entre les différentes communautés qui s'assemblent autour du projet d'entreprise. Il faut réaliser que la principale fonction du postulat de maximisation du profit (outre d'enrichir une petite minorité de responsables financiers et économiques) est de pallier le très grand anonymat qui s'est progressivement installé dans la relation entre les actionnaires et l'entreprise dans le cas où celle-ci est cotée en Bourse. Le dirigeant ayant fait acte d'allégeance sur la bible du profit et s'étant empli les poches de stock-options est un gestionnaire rassurant pour tout actionnaire. L'*affectio societatis* ayant disparu avec l'apparition des sociétés *anonymes*, et la cotation en Bourse, il a bien fallu lui trouver un succédané.

Comme elle est difficile à trouver, la justesse des équilibres entre l'attitude consistant à se couler dans le flux du grand fleuve financier et celle qui s'en exclut ! Entre le « à quoi bon ? » qui se soumet sans résistance au « diktat du marché » et la révolte qui ne voit dans la finance qu'un système responsable de tous les maux, confortable peut être le choix de l'une ou l'autre. Chacune a son camp, ses positions, ses idéologies, sa mythologie et ses héros. Y vivre sans se poser trop de vraies questions est possible.

Choisir le camp de la finance, c'est simplement renoncer au sens que peut avoir l'économie. Choisir d'en être exclu, c'est n'avoir qu'une vision idéologique des enjeux. Le marché financier n'a certes pas de main invisible, il peut en revanche avoir un visage qui apparaît lorsqu'on comprend qu'au travers des organismes de gestion collective, des fonds de retraite, des compagnies d'assurances et de tant d'autres formes de placements, c'est l'épargne et la protection sociale d'une génération qui sont en jeu. Au nom de quoi ses intérêts ne seraient-ils plus un enjeu de l'économie à laquelle

elle participe ? Comment ne perdre des yeux aucune de ces deux lectures du monde pour comprendre la dynamique qui les oppose et les rapproche ? Refuser à la fois le cynisme de la finance et le désespoir de l'idéalisme ? Tâtonner à la recherche de compromis, de points communs, d'équilibres, de consensus ?

Soyons lucides : ce qui freine la réflexion sur des réglages et des gouvernances différents, c'est le carcan systémique dans lequel nous avons, nous qui dirigeons les entreprises, accepté de nous laisser guider puis enfermer, et dont nous sommes aujourd'hui les porteurs. La quasi-totalité des processus de l'entreprise, son organisation, ses symboliques, son système de rémunération de la performance, sont orientés vers l'atteinte d'objectifs de profit et l'amélioration de notre propre situation financière. Bardées de stock-options, les équipes de management ne peuvent exercer pleinement leur libre arbitre dans la gestion délicate des équilibres de l'entreprise. Fausser leur balance, c'est d'ailleurs, disons-le clairement, la seule fonction de ces instruments financiers. Si vous pensez le contraire, trouvez-m'en une autre. Ce qui interdit de penser d'autres réglages, c'est cela : nos petits arrangements avec notre conscience, nos « à quoi bon ? » et « pourquoi pas moi après tout ? ».

La conscience des partisans de cet évitement s'en tire souvent à bon compte en distinguant la sphère privée, qui serait marquée par la gratuité, du reste, où peuvent légitimement s'exercer les forces du marché (« à l'État d'en réguler le fonctionnement »). Ainsi s'organise entre Mr Hyde et Dr Jekyll l'alternance entre la journée de travail et la vie de famille, les semaines et les week-ends, les années et les vacances, la carrière et la retraite… la vie et la mort ? Allons, soyons sérieux ! Relisons Viviana Zelizer qui décortique dans *The Purchase of Intimacy* les micro-transactions de notre vie quotidienne, et montre en quoi c'est notre existence tout entière qui est marquée par l'économie. Services rendus par les enfants, garde des plus jeunes par les aînés, visites des grands-parents qui, contre un hébergement convivial, permettent de soulager les tâches familiales, tout est compromis, échange, même si ces transactions ne sont, pour la plupart, pas monétisées.

L'économie est présente même au plus intime de nos relations conjugales et… extraconjugales : Viviana Zelizer relate ainsi le procès par lequel l'administration fiscale américaine a cherché à capter la fiscalité de flux financiers – cadeaux, etc. – entre un homme et sa maîtresse, au motif qu'il n'était pas possible d'établir une différence de nature économique entre cette relation amoureuse et une relation commerciale de prostitution, dont les flux financiers auraient, eux, bel et bien été taxés, compte tenu de l'appartenance de ces deux personnes à des foyers fiscaux différents.

Cessons donc d'avoir de nous-mêmes cette vision angélique, idéalisée de ce qui est forcément gratuit et de ce qui a le droit voire le devoir de ne pas l'être. La frontière entre la gratuité et l'intérêt ne passe pas le long de la haie de notre jardin ou sur notre palier d'étage, ou même à l'entrée de nos bureaux ! C'est au cœur même de notre être qu'elle s'inscrit. La place que je fais à la gratuité dans ma vie est un choix.

Ce choix ne dépend d'aucun système, je ne suis victime d'aucune conspiration. Il est entre mes mains. Tous les matins, entre l'ombre et la lumière.

Parler de l'ombre, donc, de son omniprésence. Dans l'envie qui se travestit, dans les peurs qui se démasquent. Dans les grandes compromissions déguisées en petits compromis. L'ombre lorsque la force devient violence.

Printemps 1998. Il est temps de céder notre activité de verre d'emballage, dernier pan d'activité du groupe BSN d'avant 1970. Pour Danone, pour le conseil d'administration, ce sera une page historique à tourner. Je le sais, et je sais combien chez nous sont encore attachés à cette affaire, que nous n'avons plus ni les moyens ni l'envie de soutenir pour continuer à la développer : notre attention est ailleurs, dans la construction des métiers de l'alimentation en l'Europe de l'Est, en Asie, dans les pays émergents.

Pour « passer », la sortie doit donc se faire dans des conditions irréprochables. D'autant que d'anciennes discussions avec le leader mondial du secteur, l'américain Owens-Illinois, ont pu laisser espérer des niveaux de prix que je sais très difficiles à atteindre, compte tenu de l'érosion entre-temps du marché du verre d'emballage, remplacé graduellement par le plastique et le métal ; un déclin accéléré par la baisse régulière de la consommation de bière en Europe. Après la construction par Saint-Gobain d'une très grande usine dans le sud de la France, le secteur du verre d'emballage est en surcapacité. Tout cela annonce une consolidation entre acteurs, mais ses conditions ne s'avèrent pas favorables pour nous. La barre est très haute. Je devrai donc être intraitable sur le prix. Il nous faudra beaucoup d'ingéniosité, de créativité, de prise de risque pour l'atteindre, d'autant que les contraintes antitrust sont importantes dans les combinaisons possibles entre les acteurs de cette industrie.

Nous parlons à tout le monde : Allemands, Anglais, Espagnols, Américains. À l'évidence, personne ne pourra nous offrir le prix que nous recherchons. Il faut créer plus de valeur pour l'atteindre, trouver des synergies. Avant de vendre, nous proposons de fusionner BSN Emballage et Gerresheimer, le leader allemand, filiale du groupe VIAG, qui souhaite aussi s'en défaire, pour former BSN-Glasspack, qui sera le nouveau leader européen de l'activité. L'analyse détaillée des gains à attendre de ce rapprochement commence, pilotée par une petite équipe : ratios de productivité et taux d'utilisation des fours, gains de parts de marché par segments, pays par pays, scenarii sur l'évolution des prix de l'énergie, spécialisation de certains fours et fermeture d'autres, obsolètes. Lorsque nous sommes au clair, nous suspendons les travaux de rapprochement des deux entreprises et, concomitamment à leur finalisation, mettons en concurrence plusieurs fonds de private equity pour reprendre une minorité puis la majorité du capital du futur ensemble. Danone se désengagera ainsi par paliers.

Négociations très structurées, qui s'avèrent longues et difficiles, d'autant que l'activité opérationnelle ne s'améliore pas avec le temps. À la fin du printemps, nous nous sommes mis d'accord avec le fonds d'investissement CVC, qui nous a fait une proposition très au-delà des autres, et entrons dans des négociations exclusives avec eux qui vont leur permettre de confirmer le prix proposé : 7,6 milliards de francs. Nous savons bien qu'ils le baisseront lorsqu'ils connaîtront la situation plus en profondeur. Suivent quatre semaines de travail au cours desquelles ils vont engager beaucoup de ressources, de temps et d'argent pour monter les détails de leur opération de LBO.

30 mai 1999. La réunion de synthèse doit démarrer tôt ce matin car la pratique démontre que cette étape peut être très longue, où chacun discute point par point des différences d'interprétations, d'hypothèses, de normes comptables, de références, de calculs, etc., pour bien mesurer les écarts résiduels de prix et la capacité à les réduire. Mais connaissant le processus, juste avant la réunion, nous nous sommes mis d'accord avec les Allemands de VIAG, non sans difficulté (ils n'ont pas envie de prendre trop de risques et sont pressés), pour ajourner les discussions si CVC et ses banquiers nous annoncent un prix révisé inférieur à 7 milliards de francs.

Dans la salle du conseil, rue de Téhéran à Paris, il y a de notre côté l'équipe de Danone et celle de VIAG, la banque Lazard et d'autres conseils. Du leur, ils sont une quinzaine : investisseurs, banquiers qui vont financer la dette, auditeurs comptables, avocats. Ils ont travaillé d'arrache-pied.

Dès le départ, l'ambiance est pesante. Ils posent sur la table un rapport de *due diligence* (audit préalable d'acquisition) de quarante centimètres d'épaisseur. D'emblée, je sais que ces documents vont servir à justifier une baisse conséquente du prix.

Philippe Gleize, le patron de CVC, commence sur un ton qu'une oreille avertie interprète aisément. Je ne veux pas subir le travail de sape de ses arguments pendant des heures. Je l'interromps tout de suite. « Nous ne sommes pas là pour partager vos travaux mais connaître leur résultat, Philippe. » Il tente un « Bien sûr, mais laissez-nous vous expliquer… », je suis inflexible. Pénible, même. Ostensiblement, je ferme le cahier que j'ai ouvert quelques minutes auparavant dans la perspective d'y prendre des notes. J'interromps chaque tentative d'argumentation. Je ne veux qu'un chiffre, pas d'atermoiement. Un moment de flottement dans les rangs en face. Des signes de connivence. Je sens venir la mauvaise surprise. Finalement, Philippe lâche : « Pour tout un tas de raisons qu'il faut qu'on vous explique, nous ne pensons pas pouvoir faire au-delà de 6,5 milliards. »

Silence. Je sais que 6,5 milliards, c'est déjà beaucoup, et que nous n'avons aucune autre solution équivalente à court terme, et peut-être même pas du tout. L'opération a été annoncée il y a déjà six mois et nous subissons la pression des clients de BSN Emballage, des représentants des salariés, des analystes financiers, qui veulent savoir où nous en sommes. Je sais tout cela. Mais 6,5, ce n'est pas assez pour l'objectif que nous nous sommes fixé. De plus, ce prix est nettement inférieur à la limite dont nous venons de convenir avec les Allemands juste avant la réunion et je ne veux pas montrer la moindre faiblesse dans nos prises de position à leur égard car notre attelage est encore fragile.

Je respire un grand coup et je dis simplement : « Merci. Dans ces conditions il n'y a évidemment pas de deal. Nous aurions préféré ne pas attendre un mois pour le savoir. » Je me lève, suivi de tout le côté de notre table. Nous rangeons nos affaires. Nos interlocuteurs sont médusés. Nous serrons des mains et les congédions. Certains sont venus de Londres, de Munich. La réunion devait durer dix heures, elle a duré dix minutes.

Je demande de faire silence radio à leur égard, car je suis sûr que leurs banquiers vont rappeler Lazard dans les heures qui suivent. Je laisse traîner. Puis nous fixons une limite de temps, remettons la barre à 7 milliards pour reprendre les discussions, et faisons savoir aux conseillers de CVC que nous devons prendre une décision en interne sur la suite le 5 juin. Et nous attendons. Pas d'autre solution.

Rien jusqu'au dernier jour. Puis, le 5 au matin, Philippe Gleize m'appelle : « Emmanuel, je sais que vous avez une réunion importante aujourd'hui, voyons-nous avant, je voudrais vous faire une proposition. » Je veux en savoir plus. Philippe repart dans des explications sur la situation difficile de BSN, que je ne connais que trop bien. « Écoutez, Philippe, je vois Franck à midi. Soit vous êtes au prix que nous demandons, et on continue avec vous, soit on arrête tout. Je n'ai rien de plus à discuter avec vous. »

À 11 h 30, nouveau coup de téléphone. Ils sont plusieurs au bout du fil, cette fois, mais le scénario se répète. Je raccroche sans attendre.

Il est 11 h 58, troisième appel. « Nous ne sommes pas loin, avec un certain nombre de conditions… » Là, je hausse franchement le ton : « Philippe, j'en ai ras le bol. Dans une minute, il est midi. Je vais raccrocher et monter chez Franck. Vous avez une dernière chance dans la prochaine phrase que vous prononcez : vous la prenez ou pas ? » Brouhaha de l'autre côté. J'ajoute, en criant : « C'est maintenant ou jamais ! »

Un silence de deux secondes. Enfin, la voix blanche de Philippe me lâche du bout des lèvres : « C'est d'accord pour 7 milliards, mais ça va être très, très dur.

– Je vous rappelle. » Je raccroche. En montant l'escalier pour rejoindre le bureau de Franck, j'appelle Stéphane Droulers, mon comparse chez Lazard, avec soulagement : « On reprend les négos. »

Nous finirons quelques jours plus tard à 7,4 milliards de francs, moyennant une participation de Danone au financement de BSN-Glasspack. Nous n'avions aucune alternative sérieuse, le candidat suivant étant à peine à 6 milliards de francs, et encore, avant d'avoir fait l'exercice de due diligence auquel CVC venait de se livrer pendant un mois.

Trois ans plus tard, il faut restructurer le bilan de BSN-Glasspack, car il est devenu clair que l'entreprise ne peut pas supporter le niveau de dette que ce prix de vente lui a fait porter. Nous aurons gagné beaucoup d'argent dans cette vente. Trop pour l'entreprise, et beaucoup trop pour les acquéreurs. Ce 5 juin 1999 à midi, je viens de jouer très gros, en une minute. Ce n'est ni la première ni la dernière fois. Souvent, nous avons beaucoup gagné, et quelquefois perdu. Et c'est même pour cela que longtemps j'ai été payé... Qu'est-ce qui se joue en moi dans ces moments-là ? Testostérone. Parties de poker nocturnes d'étudiants. Cet instinct qui pousse à aller jusqu'au bout, à l'extrême limite. Ne rien laisser sur la table. Sur la ligne de crête. Griserie de ce jeu où l'équilibre intérieur tient une part si grande. Quelque chose se réveille. Je sens que je cède les commandes à un joueur en moi. Je le laisse jouer, et le contrôle. Mais jusqu'où est-il légitime qu'il joue ? Et selon quelles règles ? Car c'est surtout avec moi-même que je joue. Avec mes propres limites. Quelle est cette ombre qui veut sa part ?

L'ombre de l'envie de gagner, tout simplement. Gagner tout, au-delà de ce qu'il est juste de partager. La force qui mute en violence. Quand elle submerge, elle peut réduire mon champ de conscience à un terrain de jeu très étroit, déconnecté de la réalité, construction éthérée financière, juridique, rhétorique, intellectuelle. Dans cette extrême confrontation, les conséquences « collatérales » sortent de mon champ de conscience. L'impact sur les personnes, les organisations, immédiat ou dans la durée, ici ou ailleurs, tout cela s'efface du discernement. Le recul, le sens de la mesure, des équilibres se couvrent d'une ombre qui ne laisse plus dans la lumière que ce point de débat qu'il faut rapporter de notre côté, même s'il est 2 heures du matin et que nous négocions depuis douze heures d'affilée.

Jeu dangereux aux frontières de la conscience qui, lorsque je suis à la limite d'en perdre le contrôle, fait de moi non seulement le complice, mais l'acteur plein, entier, sans capacité à me dédouaner aucunement, des excès qui ne me semblent pourtant que trop évidents du monde artificiel de la finance et de l'avidité de l'économie de marché.

Quelle y est la place de l'autre ? L'adversaire, l'interlocuteur, le partenaire, n'est-il qu'un moyen de mes objectifs ? Oui, bien sûr, je peux considérer que nous sommes des professionnels aguerris, rompus à ces processus. Alors, finalement, n'est-ce pas comme un sport, un jeu, où chacun sait ce qu'il engage de part et d'autre ? Je l'ai trop entendue, cette excuse, et ne l'ai-je pas non plus implicitement trop souvent acceptée ? Trop facile de s'en tirer ainsi. Où est-elle, cette « loi morale en moi » de Kant, sous les étoiles : « Agis de telle sorte que tu traites l'humanité aussi bien dans ta personne que dans la personne de tout autre toujours en même temps comme une fin et jamais simplement comme un moyen » ? Où est-il, dans ces moments-là, mon questionnement sur l'altérité et le Visage de Lévinas ?

Au peloton d'exécution, on bande les yeux de celui qu'on fusille, non par compassion pour lui mais pour éviter de troubler les soldats qui doivent tirer. En supprimant le regard du condamné, on le déshumanise. Il n'est plus homme. Car, dit Lévinas, le regard de l'autre homme, posé droit dans le mien, se présente nu à moi, et me dit toujours, les yeux dans les yeux : « Tu ne tueras pas. » Si, à sa suite, je peux dire : « Mon humanité naît de la reconnaissance de la tienne », quelle place est-ce que je laisse à l'autre dans cette situation, pour respecter ma propre humanité ? Puis-je accepter de me mettre à moi-même un bandeau sur les yeux ? Au nom de quoi ? Quelle part de violence dois-je accepter ou refuser d'exercer dans cet instant ?

Et puis parfois, il y a l'ombre de la peur. Cortisol. Stress. Peur de perdre. Peur de te perdre. Peur de me perdre. Car la peur est omniprésente dans les prises de décision, les comportements humains et les mécanismes professionnels. On me dit que j'y suis peu sensible. Et pourtant, elle est sûrement là et émerge parfois. Surtout, inconsciemment, peur de ne pas exister : « Emmanuel Faber » ou « rien » ? Peur de la séparation, du départ, celle des labyrinthes sombres qui mènent au fond de ce puits intérieur, dans l'abîme de la conscience. Peurs qui se rejouent chaque instant dans les interstices de la vie quotidienne. Pour faire face à cette solitude ontologique, accepter d'y entrer, d'y renaître en mourant à tout le reste : là, oui, que de peurs ! Ce sont celles mêmes de l'histoire de l'humanité que je porte dans mon ADN.

Oui, cette ombre est partout, insidieuse, dans la moindre parcelle de mon être-au-monde. Elle prend sa part de tout mon réel, malgré mes efforts pour m'en extirper. La reconnaître, puis l'accepter pour ne pas tuer la lumière, sans laquelle je ne la verrais même pas. Surtout, ne jamais céder à la tentation de la bonne conscience. Remettre à demain l'idée de n'être jamais parvenu nulle part. Le chemin est toujours devant, plus loin, plus haut, plus bas. Surtout plus bas. Accepter tous les matins le réel qui me fait pénétrer dans ce souterrain, à la recherche du nouveau, à la recherche de l'humain en moi-même, à la poursuite de la vie, entre ombre et lumière.

Parler aussi de la lumière. À la suite d'une négociation qui a mal tourné, je lance une bouteille à la mer :

« Cher monsieur,

Cette lettre est manuscrite car elle est écrite d'homme à homme. Vous n'avez pas dû en recevoir beaucoup comme celle-ci.

Oubliez donc, le temps de la lire, vos plus de soixante-dix ans, mes à peine plus de quarante ans, les X milliards et les Y millions qui semblent nous avoir séparés.

Je vous ai tendu la main par deux fois et vous l'avez refusée. Vous avez souhaité des excuses et les avez obtenues. Chacun en aura été témoin. Sachez qu'elles vont avec les clarifications suivantes, sans lesquelles elles n'auraient aucune sincérité, et ces clarifications ne sont faites qu'à vous.

Il faut sans doute tout votre génie pour garder la lucidité que vous avez, lorsqu'elle n'est pas confrontée à des contre-pouvoirs que vous êtes seul à pouvoir vous mettre vous-même.

Car vous êtes entouré de gens qui vous aiment, pour certains d'entre eux, mais surtout qui vous craignent plus encore qu'ils ne vous aiment…

Pour moi, ne vous craignant en rien, il m'est facile de vous aimer beaucoup plus que je ne vous crains ! Sans doute l'avez-vous senti il y a bien longtemps.

La lettre que j'ai signée et que vous avez reçue a été écrite de bonne foi par un homme à bout de patience. Oui, j'ai été blessé, profondément, par le courrier que vous m'aviez adressé, sans même me prévenir, alors même que je venais de passer la moitié de mon week-end à faire rassembler d'urgence les informations dont nous avions besoin pour débloquer un accord.

Oui, j'ai été blessé, aussi, par toutes les menaces, les injures et les imprécations que vous avez proférées à l'égard de mon équipe et de moi-même pendant ces discussions.

Vous m'avez traité, en privé comme en public, de "bureaucrate, incompétent, petit c...". Ces mots sont inqualifiables. Il faudrait bien peu vous respecter pour ne pas être affecté par de telles paroles !

Beaucoup de gens vous doivent beaucoup, moi, je ne vous dois rien et je ne souhaite rien vous devoir. C'est sans doute ce qui fait ma liberté, y compris celle de me faire insulter et de continuer pourtant à vous écouter sans raccrocher le téléphone (ce que vous avez fait à plusieurs reprises), ou sans quitter la salle de négociation. Je suis allé vous rencontrer, il y a longtemps, en France, et même au fond des montagnes de Californie !... sans calculer ce que j'y faisais.

Et puis au bout d'un moment, ras le bol.

Après tout cela, je vous ai tendu la main, une dernière fois. Vous ne l'avez pas prise. Il y a un moment où il faut faire des choix : c'est maintenant à vous de le faire.

Du geste que vous choisirez, le moment venu, nous pourrons, vous et moi, tout de suite savoir qui de votre génie ou de votre mauvais caractère l'aura emporté.

Vous n'avez presque rien à gagner ou à perdre dans ce geste.

Moi non plus : ce sera seulement la chance à donner à l'utopie d'une relation que rien ne laissait il y a dix ans présager, ou à l'inverse ce sera la fin d'une longue illusion.

Quoi qu'il en soit, bonne route à vous et à ceux qui vous aiment. Ceux qui vous craignent, plus nombreux, ne m'intéressent pas.

Emmanuel Faber

J'ai mis en pièce jointe un croquis du Petit Prince de Saint-Ex, et son étoile. »

Une réponse arrive quelques semaines plus tard :

« *Cher monsieur,*

Comment deux Boeing 757 (je crois) ont-ils pu s'encastrer dans les deux tours de New York City ? Bien sûr, je pense aux victimes des tours. Mais aussi bien sûr aux passagers. Et également au sacrifice des pilotes qui ont vécu avec ça au ventre peut-être pendant six mois ?? Qu'est-ce qui peut amener les hommes à de telles violences, à un tel oubli de soi-même pour servir une cause : quelle fatigue morale, mentale, quelle souffrance ? Est-ce le destin des êtres humains qui, ne se comprenant plus, vont aller dans l'absurde aux yeux de certains, ou à la sublimation de la vie, le sacrifice ?

Comparer le mépris avec lequel on a maintenu les Palestiniens dans une situation de prisonniers et la façon dont j'ai été traité par votre organisation serait une chose possible. Quand l'être humain n'a plus d'autre recours que le mur, il est normal qu'il utilise n'importe quelle arme, n'importe quel argument.

Il vous serait facile de comprendre que vous avez été notre dernier lien à pouvoir solutionner la m… de cette situation.

Quand, en plus, les grands prêtres vous disent : "Mais qu'est-ce que j'en ai à f… de vos Y millions, nous pesons X milliards", il vous reste les Boeing 757 et les tours. Aurais-je été capable de tout f… sur la place publique ? Oui. Le gagnant, le perdant ? Peu importe.

Il y a une belle phrase dans votre lettre. Vous allez dire : "C'est peu. – C'est mieux que rien", vous répondrai-je… "Ne vous craignant en rien, il m'est facile de vous aimer beaucoup plus que je ne vous crains…" Ce serait peu. Je ne veux pas disséquer. Je reste sur l'analyse : c'est une belle phrase.

Le reste de la lettre me gêne beaucoup plus. Pas un seul instant vous ne doutez du travail accompli par vous, votre équipe. Pas un mot des semaines de silence, d'absence, où l'autre est abandonné parce que votre position vous emmène dans tous les lieux du monde et que la valeur à vos yeux est évidente, jugée par l'échelle, et le ratio des distances…

Vous jouez dans votre lettre avec ce que j'ai de sacré : l'amitié. Ce n'est pas quelque chose qui peut surgir après être resté inerte pendant des années. Il aurait fallu que nous relisions Le Petit Prince *: "Tu n'es encore pour moi qu'un petit garçon tout semblable à cent mille petits garçons. Et je n'ai pas besoin de toi. Et tu n'as pas besoin de moi non plus. Je ne suis pour toi qu'un renard semblable à cent mille renards. Mais, si tu m'apprivoises, nous aurons besoin l'un de l'autre. Tu seras pour moi unique au monde…"*

J'aime bien aussi l'étoile dans le ciel. Je ne vous écrirai rien là-dessus, parce que, une nuit dans le désert, j'ai trouvé l'étoile scintillante d'un proche décédé.

Essayez donc, si vous en éprouvez réellement l'envie, de tester mon amitié. Je le vaux bien ! Et comme je ne suis pas manchot, et que l'hiver sera rude, c'est bien volontiers que je vous tends la main.

Portez-vous bien. Ne dites jamais en pensant de quiconque "je l'ai bien connu" : aimez les gens vivants.

Cette poignée de mains, je l'ai acceptée.

Il n'y a pas plus différent que nos deux entreprises : leur histoire, leur trajectoire, leur culture. Sa personnalité, la mienne. Tout nous sépare. Tout sauf une étoile, qu'au plus sombre de notre affrontement nous avons osé deviner dans le regard l'un de l'autre. À une génération de distance, nous avons l'un et l'autre levé une nuit les yeux vers elle, et avons cru y deviner un sourire perdu à jamais. Son scintillement éclaire désormais une relation unique, comme toutes les vraies amitiés.

« Si tu m'apprivoises, nous aurons besoin l'un de l'autre. Tu seras pour moi unique au monde… »

Une nuit au sommet du Monte Subasio, à Assise.

L'immense dôme pierreux parsemé d'herbe jaune et de chardons est presque lunaire sous les étoiles filantes du mois d'août. Vers cinq heures du matin, la nuit chaude commence à glisser doucement vers l'horizon. Premières lueurs de l'aurore sur les montagnes d'Ombrie, à l'est. La plaine est invisible, huit cents mètres plus bas. Solitude, hors du monde. Un froissement d'herbe annonce un visiteur furtif. De nulle part, surgit un renard, le nez au vent, trottinant d'une odeur à l'autre. Nous avions déjà fait connaissance, lorsqu'au milieu de la nuit il était venu mettre son nez dans le sac à dos qui me servait d'oreiller. J'avais dû être très convaincant pour qu'il accepte de s'éloigner, ce qu'il avait fini par faire, non sans m'avoir disputé un orteil au travers de mon sac de couchage, qui y avait laissé quelques plumes. Nous nous étions quittés en adversaires qui se respectent mutuellement. En l'entendant s'approcher de nouveau, je m'assieds. Visiblement, il est moins affamé. Cette fois-ci, pas besoin de faire les présentations : nous nous connaissons. Le voici qui me contourne en furetant, et vient s'asseoir sur ses pattes arrière, sans mot dire, à un mètre. Il tourne la tête vers moi et nos regards se croisent, comme pour expliciter un : « Sans rancune ! » Puis nous tournant vers l'aube qui pointe, nous restons quelques minutes, assis côte à côte, pour marquer ce pacte silencieux. De temps à autre, il lève le museau pour humer la brise. Puis, sans dire un mot, il s'en va comme il est venu, et disparaît dans la pénombre.

De retour au Monte Subasio, deux ans plus tard un soir d'été, j'ai été peiné de ne pas l'apercevoir alors que flottaient autour de moi ces mots de la poétesse israélienne Ruth Bebermeyer : « Par-delà le bien et le mal, il y a un champ. Là je te retrouverai ».

Fin juillet 2008. À l'orée d'une trêve estivale, je rafle une dizaine de livres sur les rayons de la librairie de la Procure. J'aime cet endroit, y traîner pour me laisser attraper par un bouquin ou un autre. Caresser des doigts les couvertures, à la recherche d'une connivence de matière. Puis plonger le nez entre deux pages ouvertes au hasard, pour que le parfum du papier et la senteur pénétrante de l'encre confirment la complicité d'un titre ou d'une quatrième de couverture. Ce jour-là, j'ai pioché *Changer le monde*, de Chico Whitaker. Chico est un Brésilien de soixante-quinze ans, cofondateur du Forum social mondial de Porto Alegre. Il y raconte la création du mouvement altermondialiste, avec Attac et bien d'autres, le protocole horizontal et subsidiaire mis en œuvre pour le Forum, la surprise du nombre de participants à Porto Alegre, à Seattle, et y partage sa vision.

À l'époque, mes quelques interactions avec la mouvance altermondialiste militante n'ont pas porté beaucoup de fruits. J'ai participé à une manifestation contre la guerre en Irak dans les rues de Paris, il y a bien longtemps, et j'y ai trouvé beaucoup de violence. Un débat aux Forums de *Libé* avec Geneviève Azam, économiste d'Attac, où, je crois, nous étions plutôt d'accord sur la nécessité de resituer l'économie (et non pas nécessairement la relocaliser), lui redonner un *oïkos*. Un débat avec Aurélie Trouvé, fraîchement élue présidente d'Attac, où en public il a été difficile de sortir de rôles assez convenus, malgré une promesse de se revoir pour une discussion plus approfondie. J'avais lu le manifeste d'Attac depuis longtemps, et comme il n'est pas très volumineux, il lui arrive d'ailleurs encore de voyager en ma compagnie. Je crois même lui avoir fait découvrir quelques sommets enneigés des Alpes du Sud.

L'adresse e-mail de Chico figure à la fin de l'ouvrage. Je suis alors en vacances. J'ai mon BlackBerry avec moi et décide de lui écrire. Je prends les précautions d'usage, lui proposant de dialoguer dans le cadre des règles édictées pour le Forum, notamment sur les règles de confidentialité. À ma grande surprise, le lendemain, j'ai une réponse, confirmant son accord sur ces principes. S'ensuit une correspondance qui nous amène à une rencontre quelques mois plus tard.

Chico passe à Paris, avec sa femme Stella. Après quelques péripéties de RER, il arrive à la maison, pour un après-midi de travail. Je découvre un personnage étonnant, le cheveu et la barbe blancs, le verbe assuré, mesuré mais d'une grande fermeté, l'œil pétillant de malice. Nous dînons en famille, réunis autour de quelques amis. Chico me dit : « Il faut que tu viennes au Forum social mondial. L'année prochaine, c'est à Belém. » Entre-temps, il rencontrera Franck et d'autres managers de Danone. Nous sentons des connivences possibles.

29 janvier 2009. Nous débarquons au Forum social.

Pendant ce temps, Franck est au Forum économique mondial de Davos. Échanges de SMS sur les ambiances respectives. Nous sommes sans doute les seuls à participer simultanément à ces deux événements, organisés précisément au même moment pour marquer leur opposition. Un pont fragile de messages électroniques s'établit entre ces deux mondes.

Avant de venir, nous sommes plusieurs à nous être retrouvés pour monter une petite association, Entreprise et Pauvreté. Son objet : « Favoriser les espaces de dialogue entre l'entreprise et la société civile, mobiliser l'intelligence collective, afin d'identifier ensemble des voies innovantes de réduction de la pauvreté. » Notre association a proposé d'animer deux ateliers pour le Forum. L'un sur les partenariats public-privé, l'autre sur la question de l'intervention d'acteurs non locaux dans une économie locale. Après quelques heures de repos, je respire. Dehors, dans les rues, une effervescence tranquille et joyeuse, dans la nuit amazonienne.

Le Forum se déroule dans l'enceinte de l'UFPA, l'université de Belém. Beaucoup de monde. En entrant, nous croisons des militants pro-allaitement qui se promènent avec d'énormes seins en silicone en guise de chapeaux. Un peu plus loin, une affiche annonce la *campanha internacional de encontro Coca-Cola*. La couleur est annoncée.

Dans chaque salle se déroule un atelier. Premier contact avec le processus ce matin. À 8 h 30, salle EP06, le sujet est : *Desmantelando el poder de las transnacionales : experiencias y estrategías de los pueblos de America Latina* (Démanteler le pouvoir des multinationales : expériences et stratégies des peuples d'Amérique latine). La séance est animée par le

Tribunal permanent du peuple d'Amérique du Sud, dont la mission est de juger et condamner les exactions des géants industriels. La salle est bondée, plus d'une centaine de personnes entassées, sur des chaises, par terre, debout, sur les rebords des fenêtres. L'ambiance est électrique. Pendant une heure, il est question de l'exploitation des travailleurs, des expropriations, des menaces, des violences, du non-respect des lois et de la souveraineté des peuples, de la complicité des gouvernements corrompus. Vociférations. On parle d'activités d'extraction minière, mais aussi de chimie, d'agroalimentaire. Sur le mur sont affichées les photos des victimes, torturées ou tuées par les milices privées engagées par des multinationales. Il fait de plus en plus chaud. L'air manque dans la salle. Après un chant interprété dans un dialecte amazonien, qui scande le nom des entreprises déclarées coupables, il est demandé une minute de silence pour les victimes. Chacun est appelé à jurer de combattre le pouvoir des multinationales. Je reste silencieux. Je suis en nage. Pas seulement à cause de la chaleur. La séance est terminée. Je sors : respirer ! Que suis-je venu faire ici ?

Cette impression d'étrangeté ne durera pas longtemps. Prochain atelier : « Comment la coordination syndicale internationale a réussi à faire plier Carrefour sur ses pratiques sociales en Amérique latine. » Je me glisse au bout du premier rang. Sur une estrade, des représentants de syndicats locaux, et… surprise (pour moi), des membres de l'état-major de la CFDT. Les débats sont animés par Anousheh Karvar, qui porte pour la circonstance un bandeau rouge dans les cheveux. Au fond de la salle, assis sur une table, je remarque Serge Martinet, à l'époque encore secrétaire international de la CFDT. Je suis vite repéré à mon tour. La séance se poursuit. Une lettre circule de main en main dans la salle : interpellé en assemblée générale par un actionnaire alerté par le syndicat, Carrefour s'est fendu d'un courrier expliquant que les choses seront prises au sérieux. Évidemment, je connais bien le signataire. À la sortie, bref échange avec les dirigeants de la CFDT, bien sûr très étonnés de ma présence. Nous discutons. Et rebondirons quelques mois plus tard, à Paris dans les locaux de la Centrale, autour des thèmes de l'économie inclusive.

UFPA salle A121, le lendemain. C'est l'heure de notre atelier. Ce matin, il fait frais. Il n'y a pas grand monde, peut-être une quinzaine de personnes. Outre quelques membres de l'association – Bénédicte Faivre-Tavignot, une amie de très longue date, qui dirige le master développement durable d'HEC, Emmanuel Marchant, Olivier Maurel, Jérôme Auriac –, il y a avec nous Yves Le Bars, le président du GRET (Groupe de recherche et d'échanges technologiques), Cyril Dion, qui dirige Colibris, le mouvement de Pierre Rabhi, et quelques autres : un jeune Brésilien qui fait de l'éducation dans les banlieues, des Français, Anne et Jean-Marie, ancien ouvrier spécialisé et syndicaliste chez Peugeot, des jeunes Sud-Américaines et un Canadien en tee-shirt rouge qui se présente, Alex.

Nous avons décidé de jouer cartes sur table. Je rassemble en moi-même les quelques principes de communication non violente qui me reviennent et me lance. La mission de Danone, c'est d'« apporter la santé par l'alimentation au plus grand nombre ». Je présente l'histoire de l'entreprise brièvement, résume quelques chiffres, évoque des positions de leadership sur certains marchés. Je déroule cette introduction comme je l'ai fait en maintes autres occasions.

Mais le grand Canadien lève la main et m'interrompt très vite : « Danone, Nestlé, ce n'est pas simplement ça, dit-il, en forme d'introduction. Le leadership, ça ne résume pas le rôle d'une entreprise tout de même ? » Je ne comprends pas ce qu'il veut dire. Il reprend et précise : « Vous ne résumez tout de même pas l'impact de vos processus sur la société civile au volume de produits que vous vendez à vos consommateurs ? » Son ton n'est plus le même. Je m'entends lui répondre quelque chose comme : « Euh… non, pas seulement, mais c'est quand même au centre de tout le reste. »

Et là, la discussion bascule. Alex m'apostrophe : « Mais que faites-vous de l'impact sur l'environnement, des milliers de tonnes de plastique, des déchets, des filières agricoles, de l'impact de la publicité sur la culture, de la commercialisation de la télé… » Avant que je ne puisse répondre, il enchaîne, très vite, d'une voix forte : « Votre langage n'est pas acceptable car il part d'un postulat positif sur les pratiques des multinationales sans les remettre en cause. Je reconnais ce langage. D'ailleurs vous êtes un dirigeant d'une multinationale. Je ne peux pas dialoguer avec vous dans ce Forum. Je considère que votre présence ici n'est pas légitime. C'est scandaleux que vous soyez ici ! » Puis il se lève, ramasse son sac et se dirige vers la porte. Cyril Dion l'interpelle : « Alex, ne t'en va pas, ta présence est importante pour le débat. C'est justement parce que tu as ce point de vue que c'est important. » Une discussion entre eux s'instaure.

Murmures dans la salle. Tout le monde ne comprend pas ce qui se passe. Explications à voix basse. Mais au bout de quelques minutes de discussion avec Cyril, Alex se retourne vers le pas de la porte et crie : « Je ne veux pas rester. Vous manipulez les gens. Je ne suis pas intéressé par cette discussion. Ce débat ne peut pas être légitime dans un forum comme celui-ci. Et je ne comprends pas ce qu'il fait là ! ajoute-t-il en me désignant. Je ne peux pas rester tant qu'il est là. » Son doigt pointé vers moi dénonce une menace. Nos regards se croisent. Il met ses deux mains en avant, comme pour se protéger, recule, tourne les talons et claque la porte.

Nous restons en silence quelques instants. Je suis abasourdi. Tout est allé si vite. Je réalise le monde d'incompréhension qui nous sépare, l'étendue de la différence, de l'altérité du regard sur le monde. L'incommunicabilité. Le geste d'Alex à mon égard reste profondément gravé dans ma mémoire. Un geste de peur. Une peur panique. Peur du face-à-face avec tout ce contre quoi il lutte. Peur d'être manipulé. Panique à l'idée que ce Forum social mondial, espace sacré de la société civile, forteresse des partisans engagés dans la lutte contre le capitalisme, puisse être infiltré par l'ennemi, instrumentalisé. Thèse du complot.

Lentement, nous reprenons et continuons sans lui. Trois heures de discussions. Notre atelier prend fin. J'ai pris beaucoup de notes sur mon BlackBerry.

La fonction sociale de la mondialisation est de partager les richesses naturelles et les savoir-faire de la planète. Elle a vocation à combler des inégalités entre les peuples qui n'auraient d'autres issues que la violence politique, guerrière, ou migratoire. Elle est un vaste processus culturel, social et économique de convergence des modes de vie par lequel les marchés de l'emploi sont dans une assez large mesure devenus mondiaux. Elle détruit ici des emplois qu'elle crée ailleurs, au fur et à mesure de l'évolution des niveaux de vie et des compétences. Dans la région de Guangzhou en Chine, les salaires ouvriers ont doublé en cinq ans. L'acquisition de savoir-faire est telle qu'on prédit maintenant qu'en moyenne, les écarts de salaires entre Chine et États-Unis ne seront plus que de 30 % à 40 % d'ici 2015. Résultat, les fabricants chinois relocalisent à leur tour les tâches à plus faible contenu de compétence vers des pays comme le Vietnam.

Si cette convergence se fait à somme nulle, l'amélioration du statut économique des plus pauvres sera compensée par une baisse du niveau de vie des habitants des pays les plus avancés, même si l'accroissement de l'endettement public ou privé leur permet un temps de vivre dans une illusion différente. Mais déjà les effets s'en font sentir. On peut le dire comme on veut, ou refuser de le voir, il reste que l'allongement de la durée du travail est inévitable dans les « vieux » pays et elle signifie, d'une façon ou d'une autre, une augmentation de la durée du travail : la civilisation des loisirs et la baisse du temps de travail à niveau de vie équivalent sont de dangereuses utopies, lorsqu'il faut désormais financer des retraites qui s'allongent sans cesse, et concernent une part grandissante de la population, et que par ailleurs l'éducation et la formation sont en panne pour accompagner les jeunes vers l'emploi.

Cette émergence de marchés quasi planétaires pour les capitaux, le travail et les biens et services pose pour chacun la question de sa finalité et de ses modalités. La conquête d'un sens social pour l'économie est désormais globale. Comme il était possible au XIIIe siècle de conférer un rôle social à l'argent et d'assigner à la figure du marchand une responsabilité morale pour le fonctionnement du marché, l'enjeu de la mondialisation est de savoir quel rôle social elle peut et doit jouer. L'enjeu du commerce international et du partage du travail est celui de leur équité. De même que la démocratie est un choix politique arraché de haute lutte, qui a dû s'adapter aux différentes cultures, et qui est sans cesse en marche vers un *à venir*, de même une économie cohérente avec ce choix démocratique ne peut échapper à une forme dialectique qui en fasse l'objet d'une conquête politique, nécessitant des institutions, des régulations, et surtout l'apprentissage de cette cohérence par les acteurs eux-mêmes.

Les plus riches sont encore indéniablement à l'échelle planétaire les épargnants occidentaux. La mondialisation a été pour eux le moyen d'augmenter la rentabilité des fonds qu'ils accumulent au sein du capital des entreprises multinationales depuis quelques décennies. Au risque d'exploiter l'indigence des plus pauvres qui sont aux marges du monde économique, en leur niant, dans des pays de non-droit, les droits dont eux-mêmes bénéficient. Lorsqu'il ne s'agit pas de ce retour à l'esclavagisme, l'investissement des entreprises multinationales dans les pays émergents y développe souvent les compétences techniques des jeunes générations. Il faut être bien conscient que l'épargne occidentale a choisi (par simple appât du gain la plupart du temps) de financer ainsi l'éducation et la formation de jeunes Chinois, Indiens, ou Brésiliens, plutôt que celle de ses petits-enfants en Europe. La connaissance technique est en train de basculer très rapidement vers quelques grands pays émergents. Le nombre de brevets qui s'y déposent chaque année en témoigne. Pendant qu'en Europe une génération de jeunes au bord du chômage vit avec un iPod entre les oreilles et que lui est intimée l'instruction sociale d'en changer comme de chemise, d'autres en Chine ou au Vietnam, qui n'ont pas encore les moyens de s'en acheter, apprennent en revanche au même âge à les fabriquer et savent déjà aujourd'hui les concevoir. Le réveil sera douloureux.

Sans une visée sociale partagée, la mondialisation livrée au capitalisme n'est et ne sera qu'une barbarie de plus. La relocalisation de l'économie sera alors inévitable, non seulement à la faveur de tentations démocratiques, mais aussi parce que des régimes politiques moins souriants en décideront ainsi ; en raison également, à moyen terme, de la hausse structurelle des coûts de l'énergie qui feront exploser les coûts de transport, et peut-être enfin d'impératifs écologiques s'ils parviennent à pénétrer le champ de la conscience collective. Assez probable, ce scénario de rétractation des échanges matériels sera l'occasion de s'interroger vraiment sur la relation entre local et non local.

Nos discussions en salle A121 à Belém montrent que l'acceptation, le respect et la valorisation de cette diversité dans l'organisation du rapport socio-économique est une des clés de l'avenir du vivre ensemble, donc de l'économie, au sein même de nos sociétés occidentales. Certaines études sociologiques récentes témoignent qu'aux marges de l'économie de marché, la mutation des modes de vie (et notamment la baisse de la natalité) est directement liée à l'augmentation du nombre de téléviseurs, qui diffusent des canons d'organisation sociale occidentaux, bien avant même la hausse des niveaux de vie. Je suis frappé du fait que la culture est exclue du champ défini pour le développement durable, alors qu'elle en est pour moi l'élément essentiel. Nos processus de grande entreprise étant extrêmement efficaces pour former et déformer le tissu économique, ils ont aussi un impact considérable sur les structures sociétales et culturelles des communautés avec lesquelles nous interagissons.

Se pose la question de la souveraineté du choix. Installer une usine de 20 millions de dollars dans le nord-est du Brésil est presque un non-événement pour une entreprise de la taille de Danone, dont la capitalisation boursière est de 40 milliards de dollars, mais cet afflux d'argent est une déflagration pour les équilibres économiques et sociaux de la communauté qui l'« accueille ». Quel procédé de la chaîne alimentaire traditionnelle venons-nous remplacer, déformer ou compléter, et avec quelles conséquences ? Tout aussi structurant sera le mode de consommation que nous allons proposer. Qui décide de ces bouleversements, de ces transformations, et par quel processus ? Est-ce notre capacité financière et technologique qui légitime que nous en soyons les seuls décideurs ?

Me revient un épisode vécu quatre ans auparavant. Près de Dacca au Bangladesh, Muhammad Yunus nous a emmenés fin 2005 dans un village pour discuter avec des femmes membres de Grameen Bank de notre idée de yaourt fortifié fabriqué dans une micro-usine. Abritées du soleil par une tôle ondulée posée sur quatre piliers de bois, une trentaine de femmes vêtues de saris multicolores ont écouté l'exposé de Yunus, qui nous avait préalablement brièvement présentés. Puis il a invité des questions. Une première femme s'est levée. « Bonjour, je m'appelle Yamina. Je fais du *mishti doi* (yaourt traditionnel) avec le lait de ma voisine, qui a une vache. En échange du lait, je garde ses jeunes enfants avec les miens car elle doit travailler dans les champs. Si j'achète le Shokti Doi, je ne prendrai plus le lait de ma voisine : comment va-t-elle faire pour ses enfants ? » Yunus a expliqué qu'il ne fallait pas changer ses habitudes. Qu'il fallait acheter du Shokti Doi strictement pour la consommation des enfants, car il contenait tout ce qu'il fallait pour leur croissance. Je me taisais. En réalité, je n'avais aucune réponse à donner, au fond. Je me disais même que pour certaines des femmes avec lesquelles nous allions travailler, la notion même d'acheter allait être une évolution majeure. Nous allions introduire la monétarisation de l'échange, même pour quelques centimes le pot de yaourt. Quelques années plus tard, l'expérience le montre bien : nos processus de vente à domicile dans les villages autour de Bogra interpénètrent une économie de troc, où des poignées de riz sont proposées aux Shokti Ladies pour payer les yaourts. Cette question de Yamina, je l'ai toujours en tête et voilà des années que je lui cherche une réponse.

À Belém, nous l'avons affinée, précisée, mais ne lui avons pas trouvé de réponse non plus.

Pour légitimer l'intervention d'un acteur non local, il est question de processus de décision dans l'établissement de la relation économique, de protocole garantissant l'équité de l'échange : qui va décider de cette relation ? Anne a proposé que les multinationales participent systématiquement aux axes prioritaires pertinents pour leur métier définis par les politiques publiques locales : la lutte contre la pauvreté, la santé, l'environnement, l'éducation, etc.

Que la communauté locale apparaisse comme un simple moyen dans la stratégie d'une entreprise semble en tout cas inacceptable. Tout comme le caractère anonyme de la décision, et sa délocalisation. Ce problème se pose d'autant plus lorsque l'intervention d'un acteur non local s'accompagne d'une implantation industrielle. Il est question de coélaboration des objectifs du commerce et de leurs indicateurs des horizons de temps : qui va décider de ceux qui sont pertinents et comment traiter les différences ? Jean-Marie prend la parole et dit, de son point de vue d'ouvrier : « Les actionnaires ne risquent qu'une petite partie de leur avoir, mais les salariés, eux, c'est leur travail qu'ils risquent. C'est leur vie. Le processus, ça ne devrait pas être 1 euro – une voix, mais un homme – une voix. » Tout cela réinterroge la gouvernance des entreprises et le processus d'élaboration de leur stratégie. Il est question de l'« écologie de marché » de Paul Hawken, des trois sphères culturelle, politique et économique de Rudolf Steiner, de la sociocratie d'Endenburg.

Qu'un conseil d'administration d'entreprise cotée ait pour rôle de veiller aux intérêts des actionnaires (et implicitement à leurs intérêts en priorité) ne fait pas l'ombre d'un débat aujourd'hui. Le conseil est nommé par l'assemblée générale de ceux-ci, et l'ensemble des règles de gouvernance en découle, jusque dans l'organisation de l'entreprise. Il est donc clair qu'aucun autre réglage explicite et structurant du partage de la valeur créée ne peut légitimement se faire sans l'accord des actionnaires et que la gestion dans le temps de ces nouveaux ajustements requiert une modification cohérente des organes de décision de l'entreprise pour qu'y soit validée la pertinence d'autres options. D'autres réglages ne peuvent pas non plus être proposés aux actionnaires sans des objectifs simples, une stratégie claire et des systèmes d'indicateurs qui permettront à chacun de faire un choix en conscience et de mesurer l'efficacité de la gestion par rapport à ses objectifs.

Çà et là, des initiatives fleurissent qui érodent les fondations du vieux paradigme. En juin 2011, le Sénat de l'État de Californie examine par exemple un projet de loi qui va desserrer l'étau institutionnel de la création de valeur pour l'actionnaire. Jusqu'ici, juridiquement tenus de se livrer totalement à cet objectif, les membres des conseils d'administration pourront désormais s'en dédouaner, à condition que leur société s'inscrive dans le cadre de la Flexible Purpose Corporation : une entreprise à but modulable. Ce statut permettra de choisir les objectifs de l'entreprise, de les traduire en termes sociaux et économiques, et rendra les dirigeants responsables de leur atteinte. Ces résultats seront audités et feront l'objet d'un rapport présenté en assemblée. Toute modification de ces réglages devra être votée par une majorité des deux tiers des actionnaires.

C'est sa légitimité sociale et sociétale qui fera la valorisation d'une entreprise, j'en suis persuadé. Être capable de décrire et de mesurer cette utilité, avec tous ses paramètres, sera la première étape pour établir un dialogue avec les actionnaires. Le choix se posera alors de proposer d'autres formules de partage de valeur, pour intégrer l'évolution de son rôle social dans les objectifs et les conditions de gestion de l'entreprise.

Une ondée tropicale balaie le ciel. Nous nous abritons sous une grande tente : la cantine, où sont proposées des cuisines du monde. Martèlement de la pluie. La discussion se poursuit. Elle ne s'arrêtera plus.

São Paulo, février 2009, *um outro mundo é possivel!* De retour du Forum social mondial, arrêt dans cette ville immense, à la fois horizontale et verticale, une des plus grandes métropoles du monde avec ses douze millions d'habitants. Maintes fois j'y suis passé.

En 2003, il m'a été demandé d'y superviser le redressement et la consolidation d'une de nos filiales brésiliennes, qui affichait des pertes très importantes. Chaque mois, j'y venais deux jours pour faire le point avec l'équipe locale et prendre avec elle les décisions difficiles qu'exigeait la situation : une fermeture d'usine évitée de justesse, défendue par sa directrice, une jeune Brésilienne d'à peine trente ans, Berenice, se battant pour ses sept cents emplois dans une région sinistrée ; le suivi, tous les mois, des parts de marché ; les plans de redéploiement des réseaux de distribution ; le recentrage sur quelques-unes de nos grandes marques locales ; la relocalisation de l'une d'elles, Aymoré, sur Belo Horizonte, la capitale de l'État voisin du Minas Gerais, avec une équipe emmenée par Paolo, qui prenait là sa première responsabilité de directeur général (il en a eu beaucoup d'autres ensuite chez Danone). Une aventure humaine et collective, où toute l'équipe a travaillé d'arrache-pied pour prouver qu'on pouvait sauver cette activité. Journées commencées à 6 heures du matin à la descente du vol de Paris, et que nous achevions à point d'heure autour d'un *feijao tropeiro* de haricots bruns et de l'indescriptible *caipirinha*, dans la chaleur moite de la nuit.

Depuis mon dernier passage à São Paulo deux ans auparavant, la ville est métamorphosée. Car début 2007, le maire populiste Gilberto Kassab a fait passer sa loi « ville propre ». À cette ville recouverte de slogans publicitaires géants, elle interdisait dorénavant toute publicité dans les espaces publics. Portée par un véritable mouvement populaire, elle a été mise en application avec une incroyable rapidité. En quelques mois, un à un, les quinze mille panneaux, dont une bonne partie étaient illégaux, ont été démontés, au rythme de plusieurs centaines par jour. Plus de bandeau publicitaire sur les bus, les taxis, dans le métro. La taille de toutes les enseignes de magasins a été réduite et un principe de proportionnalité par rapport à celle du bâtiment adopté. Même la distribution de tracts dans la rue a été très étroitement encadrée. Des centaines de millions de dollars d'amendes ont rapidement contraint les contrevenants à appliquer la loi. La tentative de contre-offensive des publicistes, malgré la menace de voir disparaître, selon leurs calculs, jusqu'à vingt mille emplois, a très vite avorté, car les sondages fin 2007 montraient que la population était à 70 % favorable à cette décision. Au lieu de désigner les buildings par le nom de la marque qui les habillait, les *Paulistas* se prennent maintenant à en décrire l'architecture pour se repérer.

Mise à nu, la ville se redécouvre lentement. La publicité cache-misère ne cache plus rien. L'état de délabrement de certains buildings, jusque-là masqué par des tentures commerciales géantes, apparaît brusquement et, sous la pression de leurs occupants et du voisinage, les propriétaires sont contraints de les rénover. Des favelas dissimulées derrière de joyeux panneaux à la gloire de la grande consommation se montrent au grand jour le long des artères de la ville. Aux larges fenêtres d'ateliers-dortoirs clandestins qui se cachaient derrière des paravents de réclames, on découvre la réalité : le visage de milliers d'immigrés boliviens qui y vivent et y travaillent. Prise de conscience : « le vivre-ensemble est à réinventer » me raconte Chico Whitaker qui a été conseiller municipal de São Paulo.

Contraints à une pratique extrêmement restreinte et codifiée, les publicitaires ont dû s'adapter, et certains avouent y avoir renouvelé leur créativité. Bien sûr, au concert louangeur des architectes et designers d'espaces urbains s'oppose la voix de ceux qui pensent que la publicité fait partie de la convivialité urbaine. Que chacun, avant de se prononcer, réalise qu'il y a un continuum entre les écrans géants de Times Square et les murs des villages du Sud-Est asiatique, aux marges de la civilisation publicitaire, déjà parés sur des rues entières de la couleur mondialement bleue ou rouge des grandes firmes de sodas ou du vert vif d'une marque internationale de lessive bien connue.

Culture postmoderne ou pollution visuelle et mentale ? Où est le juste équilibre ? Et pourquoi des communautés ne décideraient-elles pas, en le réglementant, de reprendre possession de l'espace physique dans lequel elles vivent ?

L'obsession de partir de la réalité locale est contagieuse. Elle devient centrale pour danone.communities. Faire table rase de nos savoirs, de nos convictions, de nos conceptions. Que faut-il déconstruire pour tenter de resynchroniser ce que notre démesure a découplé ? Nous allons essayer d'inventer et de bâtir à partir du plus petit. Le Sénégal sera notre laboratoire.

Nous y accompagnons déjà le projet de la Laiterie du Berger, une belle aventure humaine, emmenée par un jeune vétérinaire devenu entrepreneur, Bagoré Bathily. Son objectif premier est de sédentariser les nomades peuls, au nord du pays, à la frontière désertique avec la Mauritanie. Il est en passe de gagner son pari, car le revenu des éleveurs se développe, les parcours de pâturage se dessinent à nouveau, fertilisant à leur tour le sol et permettant la croissance d'une végétation qui freine son érosion. Aux côtés d'autres partenaires, Danone met à sa disposition des compétences techniques dans tous les domaines : gestion, processus industriels, marketing, commercialisation et distribution. danone.communities structure et apporte des fonds pour soutenir le tout, sans attendre de retour financier.

Mais cette fois-ci, ce que l'équipe qui débarque à Dakar en 2009 vient faire est complètement différent. Son idée est simple : peut-on concevoir un produit répondant aux carences nutritionnelles des enfants sénégalais, et dont les ingrédients, la formulation et la forme seraient intégralement conçus localement ?

Comme à leur habitude, les équipes ont rassemblé pour une étude préliminaire les experts et les parties prenantes de ces problématiques de la malnutrition. Autour de la table, il y a le GRET, l'Institut de recherche pour le développement, Enda Graf Sahel, une ONG basée à Dakar qui travaille entre autres sur la gestion des ressources naturelles et des terroirs et la valorisation de l'économie populaire, mais aussi les autorités sénégalaises du contrôle médico-scolaire, la division nutrition et survie de l'enfant du « Programme alimentaire mondial » des Nations unies et d'autres encore. Notre équipe explique sa démarche. Très vite, tout le monde est d'accord : « Ici, personne ne pourra vous aider mieux que Mama Diok. »

Binetta Diallo Diok habite Dakar et cuisine depuis toujours. Elle a exercé pendant longtemps une activité de restauration locale, avec la conviction que le corps et l'esprit doivent être nourris d'aliments sains, simples, sélectionnés par l'homme au fil des millénaires pour assurer son équilibre nutritionnel et son épanouissement. À la retraite, elle consacre maintenant tout son temps à la promotion de la nutrition fondée sur le patrimoine alimentaire de son pays, et est la représentante au Sénégal du mouvement Slow Food.

Dès le départ, elle est impliquée dans les groupes de travail organisés par danone.communities pour définir les contours du projet. Sa contribution est essentielle. Le produit s'appellera Mossteki, la contraction en wolof de deux mots : manger, grandir. Les équipes R&D *base of the pyramid* (BOP) de Danone, emmenées par François Colomban, commencent à le concevoir avec elle, dans sa cuisine, en l'observant. Le premier jour, toute la famille participe et une vingtaine de recettes variées sont conçues. Le processus de fabrication de chacune d'elles est répertorié et son coût soigneusement calculé. Ces recettes contiennent du mil, du *niebe* (une légumineuse locale) et d'autres ingrédients comme le *bouye* (un tégument du fruit du baobab), des épices, des légumes, voire, pour certaines recettes, de la pâte de poisson.

Trois mois de collaboration intensive commencent : échanges de mails, vidéoconférences sur Skype entre la cuisine de Mama Diok à Dakar et le centre de recherche mondial de Danone près de Paris, où nous essayons de reproduire les conditions opératoires en phase de pré-industrialisation, essais de produits, séances de dégustation communes. Dès octobre 2009, nous démarrons les premiers tests consommateurs. Mama Diok nous ouvre son réseau et facilite nos contacts dans les écoles, avec les producteurs locaux et les administrations.

Fin 2009, Bernard (Hours) et Franck se rendent au Sénégal. La décision est prise : nous lancerons Mossteki, un produit à très bas prix, à très haute valeur nutritionnelle, entièrement fabriqué à partir d'ingrédients locaux. Il faudra encore un an aux équipes BOP pour finaliser le modèle : une recette contenant, sur la base des recommandations nutritionnelles, 10 % de yaourt et quatre micronutriments (fer, iode, zinc et vitamine A) permettant d'apporter 30 % des apports journaliers recommandés pour les enfants de six à douze ans. Le tout prend la forme d'une pâte au goût très légèrement sucré, vendue en sachet de cinquante grammes, pour 50 francs CFA, et dont la durée de péremption est de trois mois, aux températures ambiantes du Sénégal.

Le processus de fabrication inventé à partir des gestes de Mama Diok est très rudimentaire, mais il permet de dessiner une nano-usine de trois cents tonnes de capacité annuelle, dix fois plus petite encore que notre première usine BOP du Bangladesh, pour un investissement de moins de 100 000 euros, incluant la stérilisation et la pasteurisation. Cette installation tient dans un container, que l'on peut transporter et brancher n'importe où. En reprenant certaines des solutions retenues pour l'usine de Bogra, ce processus aura néanmoins passé les mêmes tests très rigoureux de sécurité alimentaire.

Avec l'aide indispensable des organisations partenaires du projet, entre autres l'engagement du patron d'Enda Graf Sahel, Emmanuel Ndione, il reste à sécuriser l'approvisionnement en quantité et en qualité en reconstruisant ou en solidifiant les filières d'ingrédients locaux, et à inventer un mode de distribution et de commercialisation pérenne dans les écoles. Au printemps 2011, les premières expériences de commercialisation démarrent à la sortie des écoles de Dakar, sous la responsabilité d'Isabelle Sultan, chef du projet pour danone.communities. Comme d'habitude pour les équipes, un peu d'inspiration… et beaucoup de transpiration.

Mais tout cela a donné des idées à l'équipe BOP de Danone. L'inclusion d'ingrédients locaux devient un réflexe.

Nos équipes sont parvenues entre-temps, pour notre Shokti Doi au Bangladesh et son petit frère en Inde, à stabiliser suffisamment la fermentation de la protéine de lentille (le *dal*) pour pouvoir remplacer l'amidon importé qui permet de renforcer la texture du produit. Cette trouvaille réduit encore substantiellement le coût total de la recette, mais aussi son empreinte écologique, tout en renforçant les filières agricoles locales.

Pour aller plus loin dans la démarche, il est décidé, fin 2010, d'ouvrir un petit centre d'expertise de recherche BOP près de New Delhi. À l'écart du quartier des affaires où se sont basées les grandes entreprises, il sera immergé dans un milieu social plus modeste, à quelques kilomètres. La proximité d'un marché de consommateurs de classes socioéconomiques C et D permettra de tester les produits en situation réelle, selon des protocoles que nous avons commencé à élaborer cinq ans auparavant. Mettant notre pilote R&D (un micro-atelier qui conduit le développement des recettes et reproduit leurs conditions d'industrialisation) à disposition d'ONG indiennes, de chercheurs et d'universités, dont les équipes pourront être accueillies sur place, il travaillera partiellement en open source. Un nouveau pas vers le copyleft.

Janvier 2011. Nous sommes au sud du Sénégal, en Casamance. Je saute du pick up qui vient de s'immobiliser au milieu de la grand-place du village, envahie par la foule des habitants. Un des notables du village, vêtu d'une grande tunique bleue, s'approche de moi et me saisit les mains. « Bonjour, monsieur Faber. » Je m'étonne qu'il me reconnaisse. « Je viens de vous voir à l'instant à la télé ! » me répond-il en riant. C'est que la veille j'étais à Dakar où nous avons signé un accord tout à fait particulier avec le gouvernement, qui a fait l'objet de quelques entretiens télévisés. Tout s'explique.

Pourtant la fête n'est pas pour moi. Nous sommes ici à Tobor, conduits par Haïdar El Ali, le fondateur de l'ONG Oceanium, dont le 4 × 4 est connu dans toute la Casamance et le Sine Saloum : il est le seul à passer sans encombre, et sans se faire fouiller, les barrages routiers mis en place par l'armée dans ces temps troubles aux frontières. Extraordinaire bonhomme.

Haïdar est plongeur professionnel et instructeur. Par une nuit de plomb, le 26 septembre 2002, à la suite d'un appel SOS, il n'a pas hésité avec son équipe, malgré le vent, la pluie et les vagues, à se lancer en pirogue au secours du naufrage, à quarante kilomètres au large des côtes de la Gambie, du *Joola*, le ferry qui reliait Dakar à Ziguinchor, en Casamance, avec plus de mille passagers à bord. Arrivés les premiers sur les lieux, à l'aube, lui et ses plongeurs ont retiré près de trois cents corps prisonniers du navire dans la matinée, avant qu'il ne coule. Il y a eu à peine une cinquantaine de survivants. Cette nuit-là, Haïdar a conquis le cœur des habitants de la Casamance. Il est un héros national.

Mais sa notoriété tient aussi à ce qu'en quelques années, Oceanium a assuré la replantation en Casamance de milliers d'hectares de mangrove. Depuis trois ans, cent millions d'arbres palétuviers ont été plantés par les communautés des villages de la région, mobilisant plusieurs dizaines de milliers de villageois. Ces plantations permettent de recréer les équilibres des écosystèmes naturels, ramenant le poisson, les huîtres, les oiseaux, et évitent les inondations des rizières par l'eau de mer, limitant ainsi l'exode rural. Enfin, la mangrove est un des écosystèmes les plus puissants de la planète pour capter le carbone. C'est pour toutes ces raisons que nous sommes là, et grâce à une personne : Bernard Giraud.

Ancien de la DATAR, Bernard a rejoint Danone au milieu des années 1990 et travaillé sur les mesures de réindustrialisation dans les bassins d'emplois où nous devons fermer ou vendre des usines. Puis, élargissant cette pratique, il a organisé le *Danone way*, la « façon de faire Danone ». Spécialiste du développement durable, il est celui qui a exploré le premier chez nous les confins de l'économie et de l'écologie.

En 2007, nous avons créé à son initiative une plate-forme spécialisée, le Fonds Danone pour la Nature, qui utilise le mécanisme du marché des crédits carbone pour soutenir et financer des projets visant à développer l'économie rurale autour des problématiques traitées dans nos métiers de transformation alimentaire. Opéré comme un social business, le fonds sera rebaptisé Livelihoods en 2011, avec l'entrée d'autres partenaires, et a vocation à investir dans des projets de refertilisation des sols, de conversion à des pratiques agraires limitant les intrants chimiques, ou non agressives, de reconstitution des parcours de pâturage, d'agroforesterie. Son objectif est, avec les communautés locales et l'aide d'ONG qui soutiennent la petite paysannerie, de créer une économie rurale durable autour de l'agriculture pour assurer un premier échelon de sécurité alimentaire crucial, sur la base d'une innovation forte : un financement par l'économie carbone.

De là l'importance de la Casamance. Nos métiers de l'eau de source en France, avec Évian, Volvic ou d'autres, au Mexique avec Bonafont, en Indonésie avec Aqua, etc., nous ont amenés à développer un savoir-faire de protection des zones humides et des bassins versants. À ce titre, le fonds investit aussi dans ces domaines, et c'est pourquoi Haïdar et Bernard se sont entendus : nous accompagnons Oceanium depuis plusieurs années, et les crédits carbone que la mangrove générera lorsqu'elle aura achevé sa croissance (probablement environ cent cinquante mille tonnes de captation annuelle de carbone) serviront à compenser les émissions nettes de nos activités de production et de commercialisation d'eau d'Évian. Alliance improbable, mais qui permet de favoriser la revitalisation des économies rurales. Des villages transformés. Des jeunes qui s'installent au lieu de fuir vers les banlieues de Dakar. Ce jour-là (comme souvent d'ailleurs), à Tobor, c'est la fête au village !

Parce que le développement économique a été mesuré en dollars, les liens complexes entre environnement, agriculture et alimentation ont été complètement bouleversés par l'organisation agroindustrielle mise en place au siècle dernier. À cette aune, la recherche d'efficacité et d'économies d'échelle a conduit à concentrer les moyens de production, et à spécialiser les filières et les étapes de la chaîne. Des agriculteurs achètent des semences à des multinationales, livrent leur production à des coopératives ou à des entreprises de première transformation, puis des entreprises agroalimentaires, et enfin la grande distribution, acheminent les produits vers les consommateurs. Mais en restreignant la mesure d'efficacité à quelques indicateurs avant tout financiers, c'est la fluidité logistique maximale qui est visée entre ces différentes étapes, sans prendre en compte la complexité des facteurs mis en œuvre et les conséquences culturelles, sociales et environnementales de cette organisation. Or nos expériences de nouveaux modèles font apparaître de plus en plus clairement les liens entre ces maillons séparés de la chaîne alimentaire. En d'autres termes, l'écologie des modèles agricoles, la qualité des produits et des ingrédients et leur bénéfice pour la santé des consommateurs sont interdépendants.

Nous partons du constat suivant : les stratégies de type *green revolution* en Inde ont porté des fruits, malgré de vraies limites, mais ne seront pas partout capables d'aller beaucoup plus loin dans l'amélioration des statuts nutritionnels des populations concernées. En Inde, la conversion de cultures traditionnelles en *cash crops* (cultures de rente), coton, soja et autres, destinées à fournir un revenu à l'agriculteur, a très souvent fortement altéré et parfois détruit les cycles naturels du carbone et de l'eau dans les sols. L'absence des résidus de la récolte traditionnelle, et donc de fourrage, a entraîné la baisse des cheptels d'élevage, donc celle de leurs rejets organiques, ce qui a augmenté d'autant le besoin d'intrants chimiques coûteux, menant finalement à une stagnation du niveau de revenu net pour l'agriculteur et sa famille, devenus dans le même temps beaucoup plus dépendants des prix mondiaux des matières premières agricoles, des semences et des engrais, et à un appauvrissement des sols.

La compréhension de ces liens a été perdue, mais il est peut-être possible de travailler à la resynchronisation de la chaîne alimentaire. Danone collabore avec l'Institut national de la recherche agronomique et Valorex, en France et aux États-Unis dans le cadre d'une étude qui a entre autres fait l'objet d'une publication en octobre 2009 dans le *Journal of Dairy Science*. Elle démontre une très forte corrélation entre le taux de méthane émis par les vaches et la présence de certains acides gras saturés contenus dans le lait. Les émissions de gaz peuvent varier dans des proportions de un à cinq en fonction de l'alimentation choisie.

Ces résultats mettent très clairement en lumière la connexion nature-agriculture-santé animale-santé humaine. La surproduction de méthane par un organisme ruminant apparaît finalement comme un dysfonctionnement lié à une inadaptation structurelle à une forme d'alimentation pour laquelle il n'est pas conçu. La réintroduction de luzerne, de lin et d'herbe de prairie dans les rations, à la place des grains de maïs ou des tourteaux de soja, permet de réduire ces émissions en améliorant le confort digestif des vaches. Ce qui fournit un lait enrichi en nutriments intéressants pour les consommateurs.

L'appareil infrarouge couramment utilisé aujourd'hui pour faire les mesures de protéine du lait est aussi capable de mesurer la présence de ces acides gras et donc d'extrapoler les quantités de méthane émis par litre de lait. La méthodologie mise au point par l'INRA-Valorex, validée depuis 2011 par le ministère de l'Écologie en France, permettra aux agriculteurs qui l'utiliseront de récupérer des crédits carbone. C'est ainsi que, dans le cadre de l'initiative menée en pays de Bray (Normandie), nous avons fait un premier test, il y a plusieurs années, en convertissant une partie importante de la ration alimentaire des vaches de nos éleveurs en lin, qui fournit du lait riche en oméga 3. Cela s'est traduit par une augmentation de leur revenu (car Danone paie un prix supérieur compte tenu de la qualité nutritionnelle du lait) et par une réduction de 12 % à 15 % des émissions concernées. Menée avec Bleu-Blanc-Cœur, une association qui milite depuis vingt ans pour une alimentation saine en lien avec le bien-être animal, cette expérimentation est prometteuse si elle s'ancre sur des marques fortes. Et il sera sans doute possible d'aller plus loin, puisque l'origan, par exemple, semble aussi ouvrir des perspectives intéressantes dans la baisse des émissions (on cite une réduction de l'ordre de 30 %).

Un module développé spécifiquement dans nos systèmes d'information nous permet maintenant de mesurer avec précision pour chacun de nos produits son impact en matière de CO_2. Nos décisions d'investissements industriels intègrent désormais une mesure de cet impact. Et certains investissements, dont le retour financier est plus lent, sont destinés en priorité à le réduire. Grâce au travail des équipes de Danone, emmenées par Myriam Cohen-Welgryn, qui anime la petite cellule Nature chargée de favoriser le déploiement de ces initiatives dans le monde entier, en France, en Allemagne, au Brésil, en Indonésie, nos consommateurs sont associés à cette démarche.

En allant plus loin, ces pratiques liant protection de l'environnement, pratiques agricoles et produits alimentaires nous semblent très porteuses, en ce qu'elles pourraient aboutir à faire cofinancer par les mécanismes de certificats carbone et la méthodologie REDD (réduction des émissions dues à la déforestation et la dégradation des forêts) le développement d'une agriculture qui soit au centre d'une économie rurale durable, et d'assurer la resynchronisation de la chaîne alimentaire.

8 avril 2008. Muhammad Yunus est de passage à Paris. À la demande de l'Élysée, nous avons organisé un rendez-vous avec Nicolas Sarkozy. Parmi les sujets possibles qui ont retenu l'attention de son cabinet, le lancement d'une chaire d'enseignement autour des sujets « Entreprise et pauvreté ». Deux mots que la novlangue managériale ne peut tolérer de voir côte à côte. Cette perspective de les réunir flaire bon l'odeur du nouveau. Comme une petite révolution qui couve.

Quelques jours auparavant, j'ai reçu un message de Bénédicte Faivre-Tavignot. Elle connaît bien Yunus et a participé dès l'origine (et même avant) à l'aventure Grameen-Danone. Elle m'a dit avoir été en discussion avec Martin Hirsch depuis quelques jours pour monter cette chaire. Nous en avons discuté : l'idée a émergé d'une coprésidence par Yunus et Hirsch, financée par Danone. Nous avons eu le week-end pour mettre le projet en œuvre. Le dimanche, j'en parle à Yunus. Martin Hirsch est ouvert à l'idée. Membre du gouvernement, il souhaite s'assurer de la position de l'Élysée sur ce sujet. Le dimanche matin, un SMS de sa part nous donne son accord pour boucler le projet lors de la rencontre prévue le lendemain, à laquelle il ne pourra participer.

Le lundi, Bernard Ramanantsoa, le directeur général d'HEC, est convié à la réception qui suit l'entrevue présidentielle avec Yunus, et qui réunit aussi des patrons de grandes entreprises. Est également présent Jean-Michel Severino, le directeur général de l'AFD, qui siège aussi au conseil de danone.communities. Après la poignée de main d'usage, le Président est très entouré par le cercle patronal. Je m'éclipse sur un clin d'œil de Franck et rejoins le conseiller du Président, Olivier Colom, avec lequel nous avons préparé le sujet. Nous réunissons illico dans un coin du salon Muhammad Yunus et Bernard Ramanantsoa. Je montre à chacun le SMS de Martin Hirsch. Nous décidons de convoquer une conférence de presse pour 18 heures, qui annoncera la création de cette chaire intitulée « Social business – Entreprise et pauvreté ».

Elle a failli se tenir à l'Élysée. Finalement, elle a lieu loin des ors de la République, dans la salle « Grameen », au rez-de-chaussée du siège de Danone. Je trouve le symbole amusant. Derrière une table, Yunus, Hirsch et Ramanantsoa expliquent chacun en quelques mots pourquoi ils ont choisi de s'associer à ce projet.

Nous sommes quelques-uns, assis au premier rang. En plus d'une poignée de photographes, il y a tout au plus une demi-douzaine de journalistes, prévenus à la dernière minute, qui ont l'air encore un peu dubitatifs : cette alliance semble bien improbable, entre un Prix Nobel de la paix, la première *business school* française, un ministre engagé sur le terrain de la solidarité et une multinationale de la grande consommation…

Frédéric Dalsace, l'un des profs de marketing qui comptent en Europe et qui enseigne à HEC, a accepté de devenir professeur titulaire de la chaire. Lorsqu'il prononce quelques mots d'introduction, six mois plus tard, pour le lancement officiel de la chaire au théâtre Marigny, nous ne sommes plus une douzaine dans la salle, mais près de mille cinq cents. Dans la foulée, début 2009, Olivier Maurel crée autour de danone.communities un jeu sur Facebook : « Qui veut changer le capitalisme : avez-vous des idées ? » Après un quiz sur le social business, les internautes sont invités à faire des propositions. En six semaines de mise en ligne, plus de quarante mille personnes jouent à « Qui veut changer le capitalisme ? ». Le succès est tel qu'à Palo Alto, Facebook élit ce jeu « meilleure application française » et danone.communities reçoit à ce titre… un chèque de 5 000 euros. Ce chèque finira dans la poche du gagnant de notre jeu, pour lui permettre de démarrer le projet qu'il présentera en personne à Yunus lors de son passage à Paris en février 2009 : un processus économique et social ingénieux pour réhabiliter la mise en œuvre de la « voûte nubienne », une technique de construction traditionnelle au Sahel capable d'isoler contre la chaleur et le froid à moindre coût. Le monde à l'envers.

Un matin cette même année, je revois Martin Hirsch pour faire un point sur différents sujets en cours. Je lui parle de l'association Entreprise et Pauvreté, autour de laquelle s'organise notre présence au forum de Belém. J'explique en quelques mots ce que nous cherchons à faire. Elle ne compte pour l'instant qu'une dizaine de membres hétéroclites, étudiants, profs, entrepreneurs sociaux de tout poil. Je lui propose d'en faire partie. Sans hésiter, il accepte. Je lui dis : « La cotisation est fixée à 50 euros. » Martin se lève, fait le tour de son bureau, où s'amoncellent des dossiers, fouille les poches intérieures de son veston, qu'il a posé sur un fauteuil, en tire un billet de 50 euros et me le remet en se rasseyant. Je le remercie et lui promets de lui envoyer son bulletin d'adhésion dès que possible. Puis nous parlons d'autre chose. Je prends congé, descends l'escalier l'esprit léger et sors dans l'avenue de Ségur. Il fait beau. J'enfourche mon scooter. Le vent me remet les idées en place. Soudain je réalise l'incongruité de la situation : quelques jours plus tôt Martin m'a invité à assister à l'émission du « Grand Jury RTL » où, interrogé sur les profits des grandes entreprises (après l'annonce par Total de résultats record), il s'est fait fort d'obtenir de cette société une contribution à la lutte contre la pauvreté en France. Et me voilà, dirigeant d'une des plus grandes entreprises françaises, reçu par le haut-commissaire aux Solidarités actives et repartant en lui ayant extorqué ingénument un billet de 50 euros…

Je souris (« un autre monde est possible »), et surtout, je me dis que j'ai bien aimé notre échange. Alors que Martin Hirsch pouvait s'attendre à ce que son acceptation, qui n'allait pas de soi, lui vaille au moins une place de membre d'honneur dans cette si modeste association, son geste simple a créé une alliance tacite entre nous : chaque sou comptera, y compris les nôtres ; quant aux honneurs, nous les laisserons à d'autres, il n'y a ni place ni temps pour eux dans ce projet.

« Tout ce que tu ne sais pas donner te possède. »

André Gide

Entreprise et pauvreté. Peut-être l'heure est-elle venue de parler d'argent. Question bien compliquée. Elle en dit tant sur mon rapport à moi-même et aux autres ; mon rapport à l'espace, au temps, à la vie ; à l'essentiel, à l'accessoire. À ce qui « compte », finalement. D'autant plus difficile de m'y retrouver que je n'ai jamais eu à vivre en me posant la question financière du lendemain, ni même celle du surlendemain. Ai-je le droit de me poser la question de ce que j'ai eu en surplus, mais aussi de ce à côté de quoi je suis passé en ne manquant de rien ?

Je gagne aujourd'hui plus d'argent que je n'ai jamais désiré, ni même imaginé en avoir un jour. À vrai dire, je n'ai jamais demandé quoi que ce soit. Rare privilège sans doute, et j'en suis bien conscient : je n'ai simplement jamais refusé ce qui m'a été proposé sur le plan salarial et ai donc laissé la « loi du marché » fonctionner et creuser très vite un écart entre mes attentes et ce qui rétribuait mon travail. Nommé au comité exécutif d'une société cotée de taille assez importante lorsque j'avais vingt-huit ans, j'ai longtemps été beaucoup plus jeune que ceux qui partageaient autour de moi des responsabilités équivalentes, parfois de vingt ou trente ans mes aînés. J'ai accueilli le fait d'être payé autant qu'eux comme un élément de réassurance sur la crédibilité qu'on m'accordait dans mes fonctions. Et puis ensuite j'ai oublié.

Je pourrais travailler en demandant à gagner beaucoup moins. Quelques-uns crieraient bravo, d'autres me penseraient définitivement perdu pour le système, et peut-être d'ailleurs s'y opposeraient, la plupart me prendraient pour un donneur de leçons. Ce qui compte, c'est surtout ce que j'en penserais, moi. À ceux qui applaudiraient, je dois immédiatement avouer que mon niveau de vie au quotidien ne changerait pas : je suis très loin de dépenser aujourd'hui tout ce que je gagne. Sans doute ma bonne conscience y trouverait-elle quelque satisfaction… contrairement à ceux que nous aidons avec le surplus d'aujourd'hui. Mais, après tout, si j'estimais que cet argent ne me revient pas, au nom de quoi m'arrogerais-je le droit d'en déterminer l'usage et les bénéficiaires, plutôt que de faire confiance à son utilité réinvestie dans l'aventure de l'entreprise ?

Avant de rejoindre Danone, en 1997, alors que je quittais le groupe Legris, j'ai eu la surprise de voir Pierre-Yves, mon patron, ainsi que ses frères et sœurs, me proposer de me donner une petite participation au capital de leur holding familiale. En souvenir des quatre années passées ensemble, des jours et des nuits, des week-ends consacrés à redresser le groupe et à le remettre à flot. Je n'avais rien demandé, et Pierre-Yves savait que je n'attendais rien. Nous étions quittes et déjà très bons amis. Il l'a fait quand même. Un geste où la gratuité a trouvé une place.

« Or les bons comptes font les bons amis », dit-on. Certes, mais me suis-je jamais posé la question de savoir ce qu'est le « bon compte » ? Je parle bien sûr du compte pour moi. Toute piécette qui manque à ce compte, non choisie, est vécue comme une blessure, une aigreur, une rancœur, réveille une peur. Mais tout surplus non choisi transforme lui aussi silencieusement ma vie, en raison des moyens qu'il me donne et des envies qu'il m'autorise à caresser, il me projette dans l'imaginaire d'une sourde satiété. Comment puis-je donc m'assurer qu'il s'agit bien du bon compte ? Bon pour moi ? Suis-je vraiment conscient de ce qu'il implique ? Avec ce pouvoir qu'il a de me faire croire qu'il peut ouvrir pour moi l'espace et le temps, à ma guise, l'argent me confère comme à tous ceux qui y ont accès une incroyable emprise sur le monde. Insondable impuissance de ceux à qui il manque. Impossible de dire qu'il soit neutre. De même dans ma vie professionnelle, lorsqu'il s'agit de gérer des contraintes de temps, je ne pense pas neutre de me déplacer en hélicoptère ou en avion privé : pas plus que le taxi « club affaires » ou le vol en business class de mes vingt-deux ans, je ne crois ces moyens d'aujourd'hui sans conséquence dans mon rapport aux autres, au temps, à l'espace, et donc à moi-même. Ainsi en est-il a fortiori de l'argent.

Je comprends qu'on puisse accepter que la loi du marché régule les rémunérations mais, strictement pour moi, je sens bien que l'argent m'offre un recours à des moyens qui nécessitent un discernement complexe. Les fondements de la loi du marché ne sont plus suffisants pour me mettre à l'aise avec les sommes qui transitent sur le compte en banque familial. Que cette loi l'inonde chaque mois de liquidités qui représentent des années de salaire des gens que je croise tous les jours dans la rue ou dans mon travail est une réalité qu'il n'est pas évident de justifier. Pas facile à réconcilier avec ce que l'un de mes frères, handicapé par une lourde pathologie, m'a appris de ce qu'était le bonheur dans sa plus simple et fragile expression : ce « chant des sources » auprès desquelles il s'assoupissait dans les herbes, pour une sieste estivale sur les pentes de ses montagnes, m'appelant sur mon téléphone portable à l'autre bout du monde, pour m'en faire écouter quelques secondes la mélodie. Il ne savait jamais de quoi serait fait le lendemain. Avant de partir un soir d'été, trop tôt, pour toujours. C'était sa vie. Qui a décidé que ce ne serait pas la mienne ?

Alors que faire de tout ce que je ne crois pas nécessaire et qui encombre mon être-au-monde ? D'abord le rendre, d'une certaine façon. En soutenant financièrement certains des projets d'innovation sociale que mène Danone, dans les limites de leur gouvernance. Et puis le donner, bien sûr aussi largement que possible, et presque sans compter. Associations inconnues, ONG anonymes, artistes sans le sou, saltimbanques de la vie, balladins de l'altermondialisme, voisins ou amis dans la panade, d'un jour ou de longue date, croisés au hasard des carrefours de la vie. Leurs rêves ou leurs cauchemars ont été là pour donner un instant un sens à ce surplus d'argent, en ce qu'il les rendait soudain capables de faire quelques pas de plus sur le fil de leur utopie. Mais je me méfie des mercis lorsqu'on donne. J'en ai trop reçu. Trop insidieuse, la bonne conscience qui se nourrit de ce qu'elle distribue, en récoltant la reconnaissance, muette ou éperdue.

Je suis passé par tous les états possibles : donner beaucoup (cela s'est parfois compté en années de mon salaire...), ne plus rien donner (c'est parfois tellement plus difficile de dire non), donner sans le dire aussi, sans que ceux qui en bénéficient ne le sachent, ni les autres… Mais au fond, que veut dire « donner » lorsque ce don ne prélève rien de ma vie de chaque jour ou ne ponctionne qu'un hypothétique surlendemain ? Et comment éviter cette dette invisible qui se tisse malgré toutes les précautions ? Oublier qu'on a donné. Alors peut-être prêter ou investir (c'est pareil) pour respecter la dignité d'un équilibre ? À la Bourse, sûrement pas. Je ne possède pas d'autres actions cotées que les actions Danone que j'ai achetées lorsque je suis devenu administrateur de la société il y a bientôt dix ans, et que celles qui m'ont été attribuées au titre de ma rémunération. Prêter à ceux à qui personne ne prête, pourquoi pas ? Je l'ai fait souvent, et parfois à tort et à travers. Et puis aussi partager, le temps et les espaces de nos lieux de vie.

Rien de tout cela pourtant ne suffit à répondre définitivement à cette question : est-ce le bon compte ? Car il reste un surplus. En vue de quoi le conserver ? De quel lendemain ? De quel après-demain ? Parce que de ce surplus je n'ai pas non plus l'intention de voir hériter nos enfants, au-delà de ce que nos cœurs de parents ne sauront se résoudre à leur soustraire. Au nom de quelle mégalomanie les ligoterais-je à un rêve quelconque qui prolongerait mon pouvoir sur eux ? Et pourquoi pas aussi, pendant que j'y suis, étendre ces largesses aux enfants de mes enfants, et aux enfants de ceux-là à leur tour ? Jusqu'où ? J'ai trop souvent vu les héritages, petits ou grands, briser des familles, des fratries, des amitiés, pour pouvoir souhaiter à ces enfants que j'aime une vie encombrée par un excès de biens ou d'argent qu'ils ne devraient en rien à leurs propres choix. Ne pas mettre la main sur l'imprévu sacré de leur vie.

De tout cela, je ne me sens finalement pas vraiment propriétaire. Tout au plus dépositaire. La notion même de propriété est trop suspecte aux yeux de la liberté à laquelle j'aspire pour que je puisse m'en accommoder sans résistance : combien de propriétés ai-je vu emprisonner leurs propriétaires ! Évidente dialectique du maître et de l'esclave, dans une dépendance mutuelle inévitable. Elle vaut pour l'argent comme pour le reste.

Pis encore, que me vaut-il, ce compte, s'il m'empêche de laisser la porte de ma maison ouverte le soir, parce qu'on pourrait y voler quelque objet de « valeur » ? Si je me sens soudain à l'étroit dans la voiture qui a fait la joie de nos premières virées d'étudiants ? Si la couleur du sac à dos des auto-stoppeurs ou celle de leur peau détourne mon regard du leur, sous prétexte que ma voiture est trop cossue ? Si je ne peux plus faire une nuit de maraude dans le métro avec les agents de l'action sociale de la RATP parce que la précarité m'est devenue trop étrangère ? Si un jour je ne peux plus m'accroupir sur mes talons, ou m'asseoir sur un trottoir ou une marche d'escalier crasseuse pour « être là », en Inde, en Afrique ou à Aubervilliers, parce que je ne me sens plus « du même monde » ? Et si le confort d'un lit au chaud m'était devenu indispensable, que me vaudrait ce compte si j'en oubliais peu à peu l'odeur de l'herbe embuée au matin des bivouacs sous les étoiles ? Ce jour-là, n'aurais-je pas à ce compte-là aliéné ma vie ?

Alors il reste surtout et finalement une question : quel imprévu suis-je encore prêt à accueillir dans ma propre vie ? De quelle sécurité financière, professionnelle, personnelle suis-je prêt à me défaire pour réguler par moi-même le niveau de ce que me propose la loi du marché dès lors qu'elle me propose tout ou presque ? Et rester libre ainsi, ou le devenir un peu plus. Choix délicat en ce qu'il implique pour moi, et pour les autres. Carrefour vers lequel je chemine, en tâtonnant de compromis en résolutions, de grandes peurs en petites envies, vers une plus grande liberté.

Que c'est compliqué, l'argent, lorsqu'on ne l'appréhende plus comme un flux mais comme un stock. Et dire que c'est précisément cette accumulation qu'on a appelée « capitalisme » ! Ce qui était un moyen a été érigé en objectif. Et on a tort de croire qu'il s'agisse d'un système : personne ne nous a obligés à ce dévoiement. Personne, sauf l'argent et la fascination qu'il exerce sur nous. Que cette fascination soit de toujours, qu'elle semble généralisée, qu'importe, la seule chose qui « compte » dans ma vie, c'est ce que j'en fais, moi, aujourd'hui.

Comment douter, au regard de ma propre expérience, que chacun ait avec l'argent un rapport qui lui soit personnel, plongé dans les remous d'une histoire, de rêves et de blessures en devenir qui sont, au fond, secrets et parfois même secrets à sa propre conscience ? Au moment où je m'apprête à le faire, il me semble donc bien délicat d'oser m'aventurer dans des réflexions qui dépassent ma propre conscience.

D'abord, peut-être, déblayer des angles morts autour de moi. Au cœur de la question de l'argent, il y a bien sûr la rémunération des patrons. En France, le débat médiatique et politique porte sur la partie visible de l'iceberg : les patrons du CAC 40. C'est explicable. « Leurs » entreprises font la une des journaux économiques, leur salaire de même. Pas grand-chose à voir cependant avec les milliers de patrons anonymes qui dirigent des sociétés de toute taille, qu'ils les aient créées ou pas. Personne ne s'intéresse à eux. Leurs noms ne sont pas une pâture médiatique, leur photo ne fera pas vendre de magazine, et leur rémunération ne fera sans doute pas vibrer de corde électoraliste. C'est plutôt étranglés par les charges sociales qu'on les représente dans les médias quand on parle d'eux, c'est-à-dire rarement. Ce sont pourtant eux qui pour une large part régénèrent l'économie de la France. Quand ils ont de quoi le faire, ils se versent un salaire, et pour la plupart ils doivent travailler dur pour défendre les emplois qu'ils ont créés. Comme les autres, il leur est possible de réfléchir à la part qu'ils s'attribuent de la richesse qu'ils contribuent à créer. Certains, au contact direct de leurs salariés, dans leur usine, chez leurs clients, ont pour leur entreprise une ambition qui dépasse celle de faire fortune. Les rassemblements organisés par des syndicats comme le Centre des jeunes dirigeants en sont la preuve vivante.

Alors de quoi parle-t-on ? Du salaire de quelques patrons surmédiatisés ?

Lorsqu'ils étaient « capitaines d'industrie », assurant la croissance économique et faisant gagner la France, on leur pardonnait un mode de vie qui apparaissait au pire comme une extravagance. En ce temps-là, ils faisaient déjà fortune. Beaucoup avaient des comptes sous d'autres cieux. On fermait les yeux. Il y avait bien peu de contre-pouvoirs. Les complicités politiques étaient au moins aussi présentes qu'aujourd'hui. Mais à la faveur d'une longue phase de croissance économique, les grandes entreprises créaient à cette époque des emplois en France et leurs patrons s'employaient à en sauver. Le seul intérêt médiatique que suscitaient les frasques de certains d'entre eux était focalisé sur la figure de quelques entrepreneurs géniaux qui, à quelques décennies d'intervalle, avaient fondé quelques-unes des plus grandes entreprises françaises. Certains d'entre eux, et pas des moindres, avec la vision militante d'une démocratisation de la consommation pour tous qui nous les rendait par essence sympathiques : Accor, Carrefour, Club Med, BSN, etc., nous avons en mémoire le nom de leur fondateur ou du patron qui les a mises, il y a un demi-siècle, sur leur lancée d'aujourd'hui. Toujours charismatique, parfois caractériel, souvent intransigeant, que le grand patron ait de temps en temps confondu sa poche et celle de l'entreprise, qu'il ait eu un train de vie hors-norme et sans complexes importait peu et faisait presque partie de son personnage. Il vivait son entreprise, il était son entreprise. Il aurait donné sa vie pour elle. Et elle contribuait à accroître le niveau de vie des Français.

Aujourd'hui, ces images sont brouillées. Habilement conseillés par des parrains banquiers, des héritiers ont fait depuis quelques décennies fortune sur les vestiges d'empires familiaux, et affichent leur réussite d'une facon que beaucoup peuvent trouver insolente alors que l'ascenseur social semble en panne. Des financiers de pacotille jouent aux apprentis sorciers en se prenant pour des raiders américains aguerris. Ils prennent des risques avec l'argent des autres en jouant avec des niveaux d'endettement financier démesurés, et détruisent plus souvent des aventures d'entreprises qu'ils ne créent d'emplois. À leur solde, des équipes de management obsédées par la maximisation des profits à très court terme empochent, sans sursaut de conscience, des plus-values de dizaines, voire de centaines de millions d'euros (lorsque le hasard s'en mêle), pour faire le travail que des patrons auraient accompli il y a cinquante ans (ou maintenant encore) en se retroussant les manches simplement pour sauver leur entreprise ou assurer sa pérennité. Pour finir, des dirigeants d'entreprises cotées ont dû être démis de leurs fonctions dans des conditions qui rendaient peu justifiables les primes de départ dont ils ont bénéficié.

Rien de tout cela ne favorise l'indulgence dont peut faire preuve l'opinion publique. Mais, par-dessus tout, il y a longtemps que la plupart des multinationales françaises ne créent plus beaucoup d'emplois en France sur un marché qui, en trente ans, a maintenant atteint sa maturité. La croissance de leurs résultats provient désormais pour l'essentiel de leur activité internationale et en particulier des marchés émergents. Pendant ce temps, en France, l'emploi et la croissance sont en panne. Là est le divorce apparent, qui rend d'autant plus sensible le débat sur la rémunération des grands patrons. Mais que les épargnants qui sont leurs actionnaires (ils sont des millions en France) n'oublient pas qu'eux-mêmes ont profité du déplacement des investissements vers ces marchés de croissance. Du coup, le cynisme individuel semble avoir remplacé le sens de l'aventure collective. Mais si c'était vrai, le serait-ce seulement chez les patrons ? Allons, soyons sérieux et observons avec un brin de lucidité nos propres attitudes citoyennes !

Est-ce à dire que « tout fout le camp » en France ? Non. N'y a-t-il pas l'élite des profs de fac passionnés, qui, pour un salaire de 5 000 euros par mois en fin de carrière, continuent inlassablement à transmettre ce qui les fait vibrer, mettant leurs vacances d'été à contribution pour rajeunir sans cesse leur savoir ? Une élite d'institutrices arc-boutées à leur conviction de pouvoir changer l'avenir des enfants qu'on leur confie ? Une élite de médecins, d'infirmières, d'aides-soignantes qui se débattent dans les contraintes budgétaires et administratives de l'Assistance publique, au nom d'un certain idéal du service ? Une élite d'artisans, en voie de disparition mais qui réapparaît sous d'autres formes, qui dans le compagnonnage ont formé des apprentis pendant des générations, au point qu'on a pu les appeler « maître » ? Et puis ces entrepreneurs du bâtiment anonymes qui connaissent le nom de chacun de leurs clients et se lèvent la nuit pour réparer une fuite ou une panne sur une installation défectueuse ? Et ces commerçants qui aiment les produits qu'ils vendent, et le crient à qui veut bien l'entendre dès l'aube sur les places des marchés ambulants ?

Auraient-ils donc totalement disparu des grandes entreprises, le sens du travail bien fait, le respect de l'outil, de l'ouvrage, du savoir-faire, du talent, le sens de l'aventure, le respect des autres, l'envie de la réussite collective, le sens du dépassement de soi, aux limites des compétences ou de l'énergie, parfois même de l'engagement personnel ? Bien sûr que non, et ils sont capables de donner un sens autrement plus riche à la vie professionnelle que le seul chèque, indispensable, de fin de mois.

Ils s'appellent George, Henri, Floris, José-Luis. Je les connais personnellement. On pourrait dire qu'ils sont « cadres de multinationale ». La réalité, c'est qu'ils sont patrons de filiale, chez Danone. Il faut entendre Luis, le patron du Chili, raconter comment son équipe a littéralement reconstruit l'entreprise après le tremblement de terre de 2009, en commençant le déblaiement à mains nues dans les heures qui ont suivi la catastrophe, et comment les uns et les autres se sont entraidés pour venir au secours des familles les plus touchées ; George et l'équipe de direction japonaise expliquer comment l'usine de Tatebayashi, située à cent cinquante kilomètres de la centrale de Fukushima, a été redémarrée en quarante-huit heures après le tsunami et l'accident nucléaire de 2011 ; Henri rendre hommage aux deux cents employés de l'usine tunisienne qui ont formé une chaîne humaine, à l'appel de leur directeur, en pleine nuit, le long des grillages, pour négocier et empêcher le débordement de colère des manifestants de la révolution du Jasmin venus la mettre à sac ; Floris, en Égypte, évoquer ce qu'il a fallu inventer pour sauver sept cents vaches laitières en attente de vélage dans un bateau bloqué dans le port du Caire alors que Moubarak venait de fermer tous les systèmes de téléphonie mobile du pays et de verrouiller internet.

À différents degrés, toutes ces aventures du quotidien existent. Elles donnent un sens au métier de chacun. Où qu'il soit, quel que soit son travail. Il ne faut pas les occulter. Elles sont le sel de la vie professionnelle. Mais il reste que la rémunération moyenne dans les grandes entreprises est plus élevée qu'ailleurs, parfois dans des proportions d'autant plus incompréhensibles au niveau local que leurs échelles hiérarchiques internationales montent haut.

Examinons le fonctionnement concret du système des rémunérations dans de très grandes entreprises et suivons l'itinéraire d'un futur patron.

Pour faire simple, il y a dans le monde cent très grandes entreprises multinationales dans le secteur des produits de grande consommation (dont fait partie l'agroalimentaire). L'une d'entre elles est d'origine franco-espagnole et son siège mondial est situé à Paris : Danone. Huit pour cent de ses effectifs sont en France, 90 % de son activité hors de son pays d'origine et 90 % de ce qu'elle vend dans un pays y est produit localement. Parmi les dix plus grands pays où nous sommes présents, on compte déjà cinq pays émergents. Au total, ceux-ci représentent la grande majorité de nos cent mille salariés et de nos deux cents sites, et la moitié des ventes de la société.

Dans le secteur, les firmes ont beaucoup de caractéristiques communes : leur taille, leurs procédés industriels, les ingrédients qu'elles transforment, leurs fournisseurs, leurs clients (pour beaucoup, de grandes chaînes de distribution moderne de supermarchés et des millions de petites échoppes), leur mode de communication avec leurs consommateurs (au travers de la publicité et des médias). Les métiers qu'elles pratiquent et les processus qu'elles mettent en œuvre étant très proches, il en va donc de même pour les compétences techniques dont elles ont besoin.

Compte tenu de leur couverture géographique, leurs managers sont de toutes les nationalités. Certains ont fait le tour du monde avec leur famille, en travaillant dans plus d'une dizaine de pays en trente ou quarante ans de carrière. Chacun parle au moins deux langues, très souvent trois, parfois beaucoup plus. Ils rejoignent le plus souvent ces entreprises dans leur pays d'origine, après leurs études supérieures, car ces grandes marques attirent encore souvent les meilleurs diplômés. Là commencent à se structurer les écarts de salaires par rapport à des moyennes nationales.

En France, aujourd'hui, à vingt-deux ans, une jeune

diplômée d'HEC se verra offrir un salaire de 50 000 à 60 000 euros par an pour un premier travail. C'est déjà cinq fois plus que les salaires moyens les plus faibles des employés dans le secteur industriel en France. On retrouve le même phénomène en Europe, aux États-Unis, en Chine, au Brésil, partout. La logique semble irréfutable selon laquelle face aux meilleurs, il faut attirer les meilleurs, et pour cela payer ce que d'autres sont prêts à payer. La créativité et la prise de risque n'étant pas les caractéristiques les plus répandues dans ces grandes entreprises, elles cherchent toutes les mêmes profils dans un vivier assez restreint.

Quatre à cinq années plus tard, en complétant leur cursus par un MBA, les meilleurs en sortiront à moins de trente ans avec un salaire annuel supérieur à 100 000 euros. Leur progression salariale peut ensuite être rapide, strictement en fonction de leur réussite et de l'accroissement de leurs responsabilités. Celles-ci sont fondées sur la rareté des compétences techniques puis managériales qui se révèlent dans l'accumulation de l'expérience de ces hommes et de ces femmes. La performance, le potentiel, la rémunération, le statut, les avantages en nature qui l'accompagnent font l'objet de processus d'évaluation extrêmement structurés dans toutes les grandes entreprises, avec des progressions de rémunération de l'ordre de 20 % à chaque échelon statutaire de responsabilité.

Dix ans plus tard, entre trente-cinq et quarante ans, les meilleurs sont patrons au niveau d'un pays au sein de ces grands groupes mondiaux. Dirigeants de filiale locale ou de grande fonction dans le monde entier, de toutes nationalités, ils sont environ deux cents dans une entreprise comme Danone, et vingt mille dans l'ensemble des multinationales du secteur des biens de grande consommation. Ils gagnent déjà entre 300 000 et 500 000 euros par an, parfois plus, en fonction de grilles très serrées qui tiennent compte de la taille et de la complexité des affaires qu'ils gèrent, de leur ancienneté dans le poste, de leur potentiel et de leurs résultats.

Parvenus à ce stade de responsabilité, ces hommes et ces femmes forment le vivier dans lequel, cinq à dix ans plus tard, seront choisis les meilleurs des meilleurs (3 % à 5 %), entre quarante et cinquante ans, pour devenir membres du comité exécutif de leur entreprise à l'échelon mondial. Dans les multinationales de la grande consommation, il y a moins de mille membres de comité exécutif dans le monde entier. Ce processus hypersélectif (un sur vingt) les amènera à gagner deux à quatre fois plus qu'au stade où ils dirigeaient une filiale. Pour la plupart de ces personnes, ce sera aussi la dernière étape de leur carrière. C'est parmi elles que les conseils d'administration des entreprises du secteur choisiront chacune leur patron, pour beaucoup d'entre elles en favorisant les candidatures internes, garantes d'une meilleure continuité du management, des équipes et de la culture « maison ».

Au bout de ce processus de sélection qui peut recouvrir vingt à trente années de carrière, celui ou celle qui deviendra patron d'une de ces multinationales gagnera le double des membres du comité exécutif, c'est-à-dire, in fine, entre trois et dix millions d'euros par an (et parfois beaucoup plus encore, aux États-Unis notamment).

Voilà les faits et la réalité pécuniaire.

Ce fonctionnement peut poser plusieurs questions. Celle du montant absolu des revenus semble incontournable, même si elle est très délicate. Je vais commencer par celle de leur structure.

La rémunération étant un symbole et un signe de ce qui a du sens, toucher à sa structure, c'est toucher au symbole et au sens. Tous les managers perçoivent un bonus lié à leur performance. Pour les dirigeants, cette part variable représente au moins la moitié de leur rémunération totale. L'adoption de critères non financiers dans la mesure de la performance est nécessaire. Et elle est possible. Il suffit de le vouloir. C'est ce que Franck Riboud a décidé chez Danone il y a déjà plusieurs années. Lier une part significative des bonus et des éléments de rémunération à moyen et long terme à l'atteinte d'objectifs non plus seulement financiers ou économiques, mais aussi sociaux ou sociétaux, c'est amener les managers à focaliser leur vision, leur attention, leur énergie, leur talent et leur compétence sur des aspects de la performance de l'entreprise qui peuvent la réconcilier avec la société. Par ailleurs, dès lors que les montants de rémunération dépassent un certain niveau, il est clair qu'ils sont principalement destinés à l'épargne. Il semblerait à la fois logique et possible d'augmenter significativement la part à moyen et long terme (trois à cinq ans) de ces tranches de revenus les plus élevées. Tant sur le plan économique que social, cette durée permettrait de prendre un peu de recul sur la solidité des résultats atteints, et donc sur leur pérennité.

Donner un sens nouveau à ce symbole qu'est la rémunération, c'est aussi et avant tout donner un autre sens aux douze heures par jour que dirigeants et managers consacrent à leur métier. Ce n'est qu'en leur proposant une vision différente de ce qu'est leur vocation professionnelle, de ce qu'est le sens social de leur engagement, en les formant à la responsabilité qu'implique le métier de dirigeant, en les choisissant aussi ailleurs ou autrement, qu'on peut espérer de leur part des arbitrages différents entre le sens de leur mission et l'argent. Or les multinationales sont les premières concernées, car leur taille et la complexité de leur organisation soumet tout particulièrement leurs salariés à l'épreuve du sens. Un sens, c'est-à-dire une visée qui les dépasse, au service de laquelle se mettent leur énergie et leur compétence. Quelque chose qu'ils n'atteindront jamais. Par nature inatteignable. Qui désigne en soi une forme d'altérité dans la visée de l'action collective, par-delà la recherche d'une satisfaction personnelle. Ou plutôt qui actionne en cette dernière des ressorts insoupçonnés, ouvrant des champs de conscience, provoquant le début d'une transformation collective, lorsque l'énergie et la créativité des équipes se mettent au service de ces dimensions parfois négligées. Souvent aussi des transformations personnelles étonnantes, comme un début de chemin de réconciliation entre l'agir économique et l'être social de chacun. Mais aucune de ces belles paroles ne peut être crédible si la rémunération continue à ne dépendre que d'une performance financière.

Peut-être est-il maintenant possible de poser plus sereinement la question du montant absolu des rémunérations. Qui doit se la poser ?

D'abord, le politique, qui peut y voir une raison de la fragilité du pacte citoyen du pays qu'il administre. Encore faudrait-il dans ce cas que le rapport à l'argent, et plus généralement à la réussite sociale, y soit un sujet de société. On le voit dans des pays plus que d'autres : aux États-Unis ou en Chine, où l'argent est une valeur positive, au risque de devenir une idole. C'est aussi le cas en France, où les valeurs d'égalité et de fraternité donnent à l'argent un rôle bien particulier dans le pacte citoyen, au risque que ces valeurs dévient à tout instant vers l'égalitarisme. Mais les dérives politiciennes du débat politique sur l'argent ne doivent pas l'occulter pour autant. Posons-nous sérieusement la question de savoir si le pacte social voulu par les Français exclut les personnes dont les revenus sont très élevés : sportifs, artistes, communicants cathodiques, conseillers du prince, héritiers fortunés, gagnants au Loto, entrepreneurs et acteurs de l'économie à qui les systèmes de rémunération procurent des revenus « exorbitants » au regard des moyennes nationales. Et pourquoi les exclure, ou pas ? Pourquoi certains d'entre eux et pas d'autres ? L'argent que leur épargne, leur mode de vie et leur consommation réinjectent dans l'économie a-t-il une utilité ou pas ? Si, en dépit de ces questions, certains revenus sont jugés incompatibles avec le pacte social, la fiscalité constitue un levier très puissant de redistribution même s'il est peu précis, qu'il suffit de mettre en œuvre pour les plafonner.

Oui, bien sûr, on peut aussi réfléchir à un revenu maximum. Pour ce faire, on cite des multiples fixant un plafond au salaire des patrons : cent fois le SMIC pour les uns, quatre cents pour d'autres. Quel est le sens d'une telle limite ? En ce qui me concerne, je ne trouve aucun argument justifiant une limite à cent fois le SMIC qui ne permette aussi de légitimer quatre cents fois, et inversement. Soyons sérieux : dès lors que l'on sort du principe de la loi du marché corrigée par la fiscalité, ces écarts sont tout simplement injustifiables, d'un point de vue tant social que moral.

Dans cet ordre-là, la justification d'un écart salarial de un à dix semble déjà bien difficile à construire. Comment se départagent l'effort d'une journée de quatorze heures en décalage horaire et celui de huit heures d'affilée sur un chantier de BTP ? La diversité étourdissante des situations à gérer et la monotonie des tâches sur une ligne de production ? La pression d'une responsabilité et la peur d'une fin de mois ? À quelle aune les soupeser ? Que dire alors de l'écart qui existe avec les salaires les plus faibles pratiqués par les entreprises multinationales dans les « pays les moins avancés » qui, même s'ils sont de 30 % à 50 % supérieurs aux normes locales, restent de quelques centaines d'euros par mois ? Et comment insérer dans cette équation les revenus des personnes qui se situent dans les écosystèmes autour de ces grandes entreprises : petits fournisseurs, sous-traitants, etc. ? Est-il moralement possible de les écarter de cette réflexion, dès lors qu'elle ne s'appuierait plus sur la seule loi du marché ?

Après tout, une entreprise comme Danone a plus de salariés dans des pays comme l'Indonésie, la Chine ou la Russie qu'en France. Du coup, si on applique une logique de multiples au salaire des dirigeants, ne serait-il pas légitime de le faire plutôt à l'égard de ces pays qu'en France ? Et, dans ce cas, quel devrait-il être ? Comment éviter l'arbitraire et, pire encore peut-être, comment éviter de clore ainsi la discussion et que chacun retourne à ses affaires la conscience tranquille ? En deçà de tant de centaines de fois le SMIC, le salaire des patrons serait-il légitime et ne serait-il donc plus objet d'un débat ?

Donc, oui, tout est possible, mais on voit bien que l'imposition d'un revenu maximum par le politique à une échelle nationale ne résout pas le problème, qu'elle pose d'autres problèmes d'équité, et qu'il sera difficile de sortir d'une logique qui, même de bonne foi, risque de paraître à beaucoup électoraliste ou démagogique.

Ensuite les entreprises. Elles peuvent se poser la question si, de la même façon, elles estiment qu'il s'agit d'un sujet de cohésion interne et de cohérence externe. En se plaçant à une échelle mondiale, la réponse probable à la question de la cohésion est sans doute non. À celle de la cohérence, plusieurs pourraient répondre oui. Que faire dans ce cas ?

De mon point de vue, il faut aller plus loin dans l'encadrement des processus qui gouvernent la fixation de la rémunération des dirigeants. La solution la plus simple, et sans doute la plus pertinente, est la diversification des personnalités et des profils autour de la table des conseils d'administration. C'est une nécessité. Cette diversité, si elle est réelle, favorisera un débat autour des équilibres économiques et sociaux de l'entreprise et replacera la question de la rémunération des dirigeants dans ce contexte, tant dans sa structure que dans son montant absolu. De ce point de vue, il serait sans doute avisé de limiter plus fermement le cumul des mandats d'administrateur, qui nuit indéniablement à cette diversité. Plus encore, abolir la présence croisée d'administrateurs. Ce sujet est important car, par-delà les problèmes de conflit ou de prise d'intérêts qu'elle soulève concrètement, la consanguinité des conseils d'administration décrédibilise l'ensemble des systèmes de gouvernance en place, et participe donc activement au délitement des pactes sociaux.

Mais cette discussion sur les montants des rémunérations se heurtera très vite à une limite bien concrète : que peuvent faire les entreprises dans un contexte concurrentiel ? Dans toute la pyramide managériale, la rémunération est une part essentielle de ce qui fait l'équilibre et l'équité du contrat de travail qui lie le manager et l'entreprise. Un écart négatif trop important par rapport aux standards est immédiatement perçu comme une injustice ou un signal d'insatisfaction hiérarchique qui indique qu'il vaut mieux commencer à chercher ailleurs pour assurer la progression de sa carrière. La rémunération a donc valeur de symbole dans la relation équitable entre l'individu et son employeur. Elle est le juge de paix. Comme le prix sur un marché.

Pour autant, la question du pacte social interne et externe à l'entreprise peut se poser. La rémunération du patron fait partie du pacte social, mais son rôle est complexe. Dans beaucoup de pays, avoir des patrons très bien payés, c'est le gage du prestige de l'entreprise, et donc de son sérieux, de sa crédibilité et de la solidité des emplois qu'elle crée. C'est le signe d'une réussite, dont il est compris qu'elle entraînera un mieux pour tous les collaborateurs, s'ils y contribuent par leur travail et leurs résultats. À l'inverse, elle peut aussi, face à d'autres sensibilités, donner l'impression que la direction ne vit pas dans le même monde que les autres, et de fait la coupe du reste de l'entreprise.

Compte tenu du fait qu'elle est le sommet d'une pyramide très structurée, remettre en cause la rémunération des grands patrons de façon systémique, c'est en réalité remettre en cause l'ensemble du système. Décréter un plafond au salaire du patron, c'est en réalité instaurer un contrôle des prix sur le marché du travail de tous les cadres à haut potentiel. Et au tout début de la chaîne, reprocher aux élèves des grandes écoles de céder aux sirènes des offres des entreprises qui leur proposent des carrières internationales.

La bataille pour l'éducation est une bataille mondiale. Remettre en cause le système pyramidal des rémunérations, c'est aller jusqu'à questionner le fonctionnement des universités qui délivrent les meilleurs diplômes d'études supérieures du monde entier. Si on regrette que des bataillons entiers de polytechniciens frais émoulus grossissent les rangs des ingénieurs financiers des banques d'affaires de la City à Londres, arrêtons donc les cours de théorie financière et de modélisation mathématique des produits dérivés qui sont dispensés à l'X ou à Centrale ! Ce sera plus simple et plus cohérent. On peut faire le même procès aux grandes écoles de commerce. Et il faut le faire, sur les équilibres des cours, la nature de l'enseignement, l'apprentissage du doute, l'ouverture au monde, à d'autres réalités, d'autres perspectives, d'autres envies. « Apprendre à oser » scande le slogan d'HEC. Oui, mais oser vraiment. Oser autre chose. Boycotter les classements des MBA qui ne se font qu'en fonction du niveau de salaire de sortie ? Mais quelles entreprises, quelles organisations seront vraiment prêtes à financer un enseignement qui ne produirait plus des esprits formatés à ne mesurer la réussite d'une vie qu'à l'aune de l'argent ? Qui veut commencer ?

C'est à cela que s'efforce bien modestement la chaire « Social business – Entreprise et pauvreté » créée à HEC, avec le soutien de Schneider et de Danone, que président Muhammad Yunus et Martin Hirsch. Éveiller de futurs dirigeants aux enjeux sociaux de leur responsabilité, les ouvrir à d'autres modèles, d'autres horizons. D'autres le font en France, à l'ESSEC, dans la chaire d'entrepreneuriat social. Et dans un nombre encore restreint d'universités dans le monde.

Risquons à ce propos quelques remarques. En France, ne faut-il pas aussi faire le bilan d'un système d'éducation générale et de formation professionnelle qui aboutit à de tels écarts sur le premier marché de l'emploi entre une élite issue des grandes écoles et, à de rares exceptions près, le reste des formations, et dirige un jeune sur quatre vers le chômage ? Est-il possible d'envisager de traiter ces questions de rémunération à un échelon inférieur à celui de l'Europe ? Sur ces questions, comme sur le reste plus globalement, si le G8 et le G20 mais aussi la plupart des organisations multilatérales continuent à n'être irrigués et influencés que par le lobby des plus grandes entreprises mondiales, il y a peu de chances que le consensus dans lequel les grands de ce monde se sont confortablement installés évolue. Il est urgent d'ouvrir ces instances à l'écoute d'autres voix.

Je ne prétends pas articuler des solutions qui relèvent avant tout du politique. Il reste que, contrairement aux idées qui circulent dans ces milieux, il me semble impossible de soutenir que le consensus sur les rémunérations issu de la loi du marché est sans conséquences sur le pacte social des entreprises multinationales et donc sur les équilibres de la mondialisation. Compte tenu de la pyramide des revenus, un simple calcul montre que si ce consensus était de 30 % inférieur pour 1 % des salariés les mieux payés des multinationales (ils gagneraient toujours en moyenne quelques centaines de milliers d'euros par an), on pourrait doubler la rémunération des 20 % des salaires les plus faibles, soit plusieurs dizaines de milliers d'employés par entreprise en moyenne, pour l'essentiel dans des pays en voie de développement. Les chiffres montrent qu'une autre cohérence dans les systèmes de rémunération, une autre place de l'argent dans la hiérarchie des « valeurs », aurait donc un impact significatif sur la façon dont la valeur est partagée au sein du processus de convergence de la mondialisation. Il en est évidemment de même dans le secteur financier, et à une échelle encore tout autre.

La question est de savoir qui aura envie de mettre en œuvre une telle utopie. Pour cela, il faut voir beaucoup plus loin que les chiffres, sortir de la prison de la compétition individuelle dans laquelle nous avons tous été enfermés, sortir de nos représentations mentales, des peurs qui masquent la réalité telle qu'elle vient à nous.

Un cadre aussi structuré qu'une multinationale n'est sûrement pas l'endroit le plus évident pour accoucher de telles transformations. Pourtant, c'est de celles-ci que pourront naître les grandes entreprises de demain. Cette aptitude personnelle à la relation et à l'empathie est absolument nécessaire pour imaginer ce que peuvent être les organisations multinationales de demain. De cela dépendra leur capacité à intégrer l'intelligence collective, à rester ou redevenir pertinentes sur le plan local, agiles sur le plan global, souples, malléables, polymorphes, travaillant en réseau et moins en hiérarchies pesantes et désincarnées. Capables de dialoguer avec leur écosystème, d'échanger de la valeur, de la redistribuer. Nous devrons cultiver chez nos managers ce qui existe déjà mais n'est souvent pas révélé dans le cadre professionnel : la capacité à échanger en conscience dans une relation où quelque chose se donne réciproquement.

Je n'ai aucune recette miracle. Seul ce long chemin de maturation et d'accouchement de l'être-aux-autres peut faire évoluer et apaiser le regard intérieur que chacun d'entre nous porte sur l'argent.

Lundi 3 juillet 2007, 8 heures sur le tarmac de l'aéroport du Bourget. À peine descendus à Roissy de l'avion qui nous ramène de Singapour, nous enfourchons le scooter de Franck et prenons un avion que nous avons loué et qui nous pose à Amsterdam à 9 heures. Depuis plusieurs semaines, nous négocions le rachat de Numico. Il s'agit de l'un des leaders mondiaux de l'alimentation pour bébés, avec une forte présence en Asie, et leader de la nutrition médicale en Europe. Cette acquisition de 12 milliards d'euros serait la plus importante que Danone ait jamais réalisée.

Alors que nous y pensions depuis longtemps, tout est allé très vite. Des contacts avec quelques-uns des plus grands actionnaires de l'entreprise nous ont permis la semaine précédente d'en calibrer le prix. Depuis l'Indonésie, j'ai passé une partie du week-end à négocier au téléphone avec Jan Bennink, un ancien de Danone devenu patron de Numico, qui avait réuni son conseil d'administration pour l'occasion. Nous aussi. C'est la dernière ligne droite ce lundi matin : ils sont pressés d'être fixés, car ils ont d'autres projets de très grande ampleur aux États-Unis, nous le savons. Ça passera ou ça cassera.

Réunion dans la chambre 355 d'un hôtel à l'aéroport d'Amsterdam à 9 h 30, aussi discrète que possible car le siège de Numico est à deux pas. Finalement, ça passe. Ce sera 55 euros par action, en cash, la limite haute fixée par notre conseil. Après deux heures de discussion avec eux, j'appelle Franck pour qu'il nous rejoigne et vienne sceller cet accord. Nous discutons encore. Une heure plus tard, nous nous serrons la main.

Tout comme le projet d'achat de Quaker en novembre 2000 (16 milliards de dollars), auquel nous avons finalement renoncé très vite, cette opération est l'occasion de débats avec nos grands actionnaires. Nombreux sont ceux qui nous en reprochent le montant : une prime par action d'environ 30 % par rapport aux derniers cours cotés de Numico. Oui, nous en convenons, nous avons payé cher pour cette entreprise. Mais j'argumente : « Vous, investisseurs financiers, étiez actionnaires de Numico et achetiez et vendiez à 40 ou 43 euros par action tous les jours sur le marché boursier, et ce prix vous semblait justifié. Nous ajoutons une prime de 12 euros par action, soit un prix additionnel d'environ 2,5 milliards d'euros. Grâce à notre savoir-faire d'industriels, nous allons doubler en quelques années la capacité de l'entreprise à générer de la trésorerie, car nous allons la rendre plus efficace et accélérer sa croissance. Ce qui veut dire que nous allons doubler sa valeur, en ne payant que 30 % de plus que ce que des actionnaires financiers payaient jusqu'ici sans aucun impact sur la gestion. Qui surpaye dans cette histoire ? »

Comme pour toutes ces grosses opérations, il ressort aussi pour Danone (et donc ses actionnaires) un rendement sur les capitaux engagés très faible pendant plusieurs années.

Mais mon raisonnement est le même : « Cela ne peut être imputé à la prime que nous avons payée. Faites le calcul vous-mêmes : pour obtenir un taux de rendement que vous estimeriez acceptable, il aurait fallu acheter Numico la moitié de son prix en Bourse. Ce qui revient à dire que tous ses actionnaires, dont vous étiez, payaient déjà deux fois trop cher avant même que nous n'arrivions, ou alors cela voudrait dire que vous seriez légitimes à accepter des taux de retour sur vos propres investissements qui seraient très inférieurs aux nôtres. C'est illogique puisqu'il s'agit de la même entreprise, donc du même risque. »

Mais le vrai sujet est ailleurs. Contrairement aux investisseurs qui entrent et sortent du capital des entreprises cotées en quelques minutes, nous sommes conduits à investir pour le long terme. De ce pari que nous faisons en acquérant Numico, nous ne pourrons pas sortir à la première difficulté, car c'est toute l'entreprise que nous transformons. Le risque que nous prenons est donc bien plus important. Voilà en quoi on pourrait légitimer une approche plus prudente du prix. Mais aucune aventure d'entreprise n'existe sans ce risque.

Et d'ailleurs, deux ans plus tard, pour préserver l'avenir, nous décidons de refinancer un quart du prix d'acquisition par une augmentation de capital, en pleine bourrasque, en juin 2009 : 3 milliards d'euros, qui diluent nos bénéfices par action de façon significative. Nos actionnaires répondent présents, mais ils trouvent l'addition salée. Je les comprends et je sais que je dois, plus que quiconque, en assumer la responsabilité. Celle d'avoir choisi de protéger les marges de manœuvre d'une entreprise, qui se construit dans la durée, tout en étant confrontée à l'imprédictibilité grandissante des marchés financiers.

Néanmoins, nous voilà, après ces péripéties, désormais impliqués de plain-pied, et à une échelle radicalement nouvelle pour nous, dans les métiers de la nutrition médicale et de l'alimentation infantile, aux quatre coins du monde et aux deux extrémités de la vie.

L'alimentation des enfants en bas âge est un constituant capital de leur santé future. Remplacer le lait maternel par un lait infantile en poudre n'est pas une évidence. Pour mettre fin à des situations dramatiques liées à une mauvaise utilisation des poudres de lait, et protéger la pratique de l'allaitement maternel, l'Organisation mondiale de la santé publie en 1981 un code de conduite réglementant strictement la commercialisation des laits infantiles et conférant aux ONG la responsabilité du contrôle de son application par les entreprises productrices d'alimentation pour bébés. En raison du caractère peu scrupuleux de certaines de leurs pratiques commerciales et afin d'établir une régulation sans se laisser influencer par leur lobby, celles-ci n'ont été en rien associées à la préparation et à la rédaction de ce code. Cela paraît sur le papier une bonne idée mais, depuis, aucune au monde n'a été en mesure d'appliquer l'intégralité des clauses d'un texte rédigé sans tenir compte de quelques contraintes pratiques. Elles en sont donc toutes, à un titre ou un autre, « violatrices », de bonne ou de mauvaise foi.

Depuis 1981, c'est donc la guerre. Aucun dialogue : d'un côté, des dénonciations publiques, qui se multiplient sur internet, de flagrant délit de violation du code par les multinationales de l'alimentation infantile, et des appels au boycott de marques « criminelles » ; de l'autre, un mépris complet pour ces « fanatiques rétrogrades » qui, sur l'autel de l'allaitement maternel, sacrifient la liberté des femmes, leur volonté légitime d'insertion dans la société moderne, leurs ambitions professionnelles, et parfois la santé de leur enfant. Trente ans de guerre de tranchées.

Lorsque nous annonçons l'acquisition de Numico en juillet 2007, nous devenons du jour au lendemain l'un des tout premiers acteurs mondiaux du secteur de l'alimentation infantile. C'est à ce titre que je reçois quelques semaines plus tard une lettre d'une ONG membre d'un réseau international bien connu, qui commence ainsi : « Maintenant que vous avez rejoint le camp des assassins... » Je n'en reviens pas ! D'autant que l'ONG signataire de cette lettre comminatoire se réfère à une obédience proche d'organismes des Nations unies que nous connaissons bien et avec lesquels nous travaillons par ailleurs. Je me plonge donc dans une relecture attentive du code et l'apprends presque par cœur, pour comprendre ce qui sépare depuis si longtemps les acteurs, ONG et entreprises, dont je me dis (et je ne suis bien sûr pas le seul) qu'ils devraient plutôt s'allier pour tenter de résoudre les problèmes criants de malnutrition infantile dans le monde.

Un exemple des conséquences désastreuses de ce conflit ? Des appels à projets sont régulièrement lancés par des ONG indépendantes ou liées à l'OMS pour donner accès à une meilleure nutrition aux enfants en bas âge, en particulier dans les pays ou les régions les plus pauvres. La participation des producteurs d'alimentation infantile à ces appels d'offres est systématiquement proscrite. Résultat : ces initiatives débouchent sur des solutions qui ne bénéficient en rien des décennies d'expertise nutritionnelle cumulée de ces entreprises spécialisées, beaucoup échouent et aucune n'a pour l'instant atteint une échelle significative.

Depuis plusieurs années, nous travaillons avec des ONG dans le domaine de la nutrition et de la santé. Après l'acquisition de Numico, par leur intermédiaire, nous tentons de mieux comprendre ce qui divise les adversaires dans la guerre du code. Très vite, nous imaginons des pistes de rapprochement, car nos positions scientifiques et sociales nous ont convaincus qu'il faut soutenir l'allaitement maternel sans réserve, tout en étant en mesure de répondre à des situations d'urgence ou de choix nutritionnels par d'autres moyens. Nous prenons contact avec l'« autre côté » et proposons une réunion de concertation, avec mille précautions, qui aura pour objectif d'échanger sur ce qu'ensemble ONG et entreprises pourraient faire pour lutter contre la malnutrition infantile, dans toutes ses formes, et discuter des modalités d'application du code.

Il faut tout négocier : la puissance invitante, le lieu, le processus de discussion et sa confidentialité. Après pas mal d'efforts, nous nous retrouvons ainsi à une douzaine autour d'une table, fin janvier 2008, deux mois à peine après l'acquisition de Numico. À tour de rôle, positions et objectifs sont décrits. Certains se hâtent de préciser qu'ils ne sont là qu'à titre personnel et que leur organisation ne cautionne en rien cette rencontre. Trois heures de discussions, pistes évoquées pour donner suite à ce premier dialogue, tour de table final : chacun, sans exception, confirme son intérêt à poursuivre.

Quelle ne sera pas ma déception lorsque, dans les semaines qui suivent, l'une après l'autre les ONG finiront par décliner l'invitation à la réunion suivante. L'un de nos participants avoue avoir reçu une menace explicite de mise au ban immédiate par son réseau international s'il y participait. Effectivement, des copies d'e-mails menaçants circulent.

Il faut donc essayer autrement. Nous pensons urgente et nécessaire une large concertation sur son application à l'occasion des trente ans du code qui approchent. Le secrétaire général des Nations unies se rend au Bangladesh. Il visite notre projet Grameen-Danone à Bogra. Mais il ne sera pas donné suite au courrier qui lui est remis à cette occasion, à l'intention de la directrice générale de l'OMS.

Tout reprendre encore différemment. De retour en Francc, par l'intermédiaire d'une amie, je contacte une femme membre de la Leche League. Je me retrouve ainsi à son domicile, un matin, dans la banlieue de Paris. Elles sont deux à me recevoir. Je me présente. Nous discutons. Je souhaite comprendre le fonctionnement de l'ONG, leur travail au quotidien, l'accompagnement des mères, leur formation. Elles me racontent. Blédina ayant été par le passé dans mon périmètre de responsabilité chez Danone, je connais un peu ces questions, et j'imagine déjà ce que nous pourrions faire ensemble. Chez Blédina, nous recevons soixante-dix mille appels par an de mamans qui souhaitent un conseil. Pour tout ce qui a trait aux questions d'allaitement maternel, nous pourrions leur indiquer le numéro de la Leche League. Nous pourrions aussi créer un lien sur le site internet de la marque et promouvoir ainsi le remarquable « Programme relais allaitement » (PRALL) que la Leche League a construit pour accompagner les mères désireuses d'allaiter et favoriser ce choix. Je me propose de prendre contact avec leur présidente en France. Elles me donnent ses coordonnées. Nous nous quittons.

J'écris ensuite, avec beaucoup de précautions, à Flore Marquis-Diers. Un premier e-mail reste sans réponse. Je laisse passer quelques semaines. Au second essai, je crois utile de lui en dire un peu plus sur mes motivations personnelles. Elle a la gentillesse de me répondre sans tarder. Ma démarche lui semble surprenante et incongrue, écrit-elle, mais elle est disposée à me rencontrer, avec l'une de ses collègues. Elle me propose une date. Je me libère immédiatement.

Un de ces moments improbables : Flore arrive avec son bébé de vingt mois, qu'elle allaite, au siège de Danone. La Leche League dans les entrailles du loup ! Elle est accompagnée de Claude Didierjean-Jouveau, qui est active depuis une vingtaine d'années dans l'association, me dit-elle pour se présenter. J'imagine l'inconfort qu'elles peuvent ressentir toutes les deux, et je leur suis d'autant plus reconnaissant d'avoir accepté ce rendez-vous. Je fais de mon mieux pour entamer une conversation qui ne s'avère pas facile. Elle sera néanmoins suivie d'autres.

Je propose quelques pistes. Nos études montrent que le taux d'allaitement maternel est très inégal d'une région à l'autre en France : pourquoi ne pas lancer une expérience par laquelle nous travaillerions ensemble sur le moyen de le faire croître structurellement ? Toutes deux reconnaissent qu'une entreprise comme Blédina a accès à des informations à très grande échelle sur le comportement réel des mères, qui sont du plus grand intérêt sur ces questions et que nous pourrions partager. Je vais jusqu'à proposer que nous choisissions une ville test, sur laquelle la Leche League copiloterait avec Blédina les politiques mises en œuvre pour soutenir l'allaitement maternel, et assurerait un contrôle conjoint de nos pratiques commerciales pour développer l'accès au lait maternisé dans des conditions respectant le code autant qu'il est pratiquement possible de le faire. J'évoque aussi la nécessité de donner un meilleur accès aux solutions nutritionnelles pour les foyers les plus modestes. Depuis 2005, nous avons chez Blédina des discussions sur la réponse stratégique que nous pouvons apporter aux besoins de *toutes* les mamans. Je pose d'ailleurs la question de savoir quelle serait la position de la Leche League sur une baisse du prix du lait maternisé : son attractivité en prix ne serait-elle pas un facteur renforçant la concurrence qu'il fait à l'allaitement maternel ? Nous en discutons. Finalement, cela ne semble pas poser de problème de principe. Étape par étape, notre dialogue progresse, mais il apparaît très difficile d'aller plus loin, compte tenu des positions institutionnelles de chacun, que je comprends bien.

Quelques mois plus tard, et sans lien direct avec ces discussions, je prends rendez-vous avec Martin Hirsch, qui à cette époque est au gouvernement, haut-commissaire aux Solidarités actives. J'ai l'intuition qu'il peut nous aider à faire avancer le social business en France, et c'est le but de ma visite. Je lui raconte brièvement ce que nous faisons au Bangladesh, lui dis mon idée de répliquer ce modèle en Europe. Je parle d'économie inclusive : « Entre l'action sociale et les entreprises qui travaillent dans la logique capitaliste classique, il y a la place pour des modèles d'entreprises qui travailleraient avec des paramètres économiques différents, et dont la finalité serait sociale. » Je fais un petit dessin sur une feuille, avec deux gros engrenages séparés et au milieu un petit : le social business. « Nous avons depuis 2006 une plate-forme qui permet de faire tourner cet engrenage moins vite sur le plan financier : c'est danone. communities, qui joue le rôle de ralentisseur financier. » J'explique. Martin n'a pas l'air totalement convaincu, et mes explications sont sans doute trop succinctes, mais il semble tenté. J'ai l'impression qu'il y va à l'instinct.

Il me dit : « Si vous voulez faire quelque chose d'utile, commencez par arrêter de vendre le lait infantile à un coût qui en prive les enfants qui en ont le plus besoin : les plus pauvres. » Ses mots me renvoient sans ménagement à tous ces efforts vains jusque-là pour faire avancer les choses. Et je ne me vois pas répondre autre chose que : « D'accord, on va y réfléchir. » Sur ce, j'appelle Marc Benoît, le patron de Blédina, Emmanuel Marchant, Bernard Giraud, leur expose l'idée. Il nous faut deux mois pour parvenir à dessiner une plate-forme qui semble tenir la route. Je rappelle Martin et retourne le voir. Il est partant.

Le calcul est simple. En France, avant la crise, après dépenses contraintes, en dessous du seuil de pauvreté, le reste à vivre mensuel était de 300 euros par personne. Il a été réduit de près de moitié. Le coût mensuel du lait infantile étant de l'ordre de 75 euros, les mères sont amenées à passer beaucoup trop vite à du lait de vache (puis à de l'alimentation non spécifique). L'enjeu économique et nutritionnel est donc très important. Et l'allaitement maternel, dont le taux est très souvent inférieur à la moyenne nationale dans ces situations, une solution à prioriser. L'idée est donc de mettre en œuvre un double projet : action renforcée d'information et de formation à l'allaitement maternel et à la nutrition infantile d'une part, avec une prise en charge prénatale si possible, et d'autre part, en complément, réduction de 30 % à 50 % des prix sur une gamme de laits et de petits pots disponibles dans la grande distribution classique (pour amener entre autres le lait de croissance spécialisé au prix du lait de vache).

Nous faisons la liste des parties prenantes à associer pour la réussite du projet. Elles sont nombreuses. Martin prend le processus en main. Toutes ou presque répondront présentes à l'appel : les caisses d'allocations familiales, le ministère de la Santé, la Société française de pédiatrie, la Croix-Rouge, le Secours catholique, les Restos du Cœur, l'Agence nouvelle des solidarités actives, la Leche League, Unis-Cité, la Caisse des dépôts et consignations, Chèque-Déjeuner, la chaire HEC « Social business – Entreprise et pauvreté », Blédina, danone.communities, et quelques autres encore.

C'est ainsi que nous retrouverons vingt à trente personnes en réunion plénière, à intervalles réguliers pendant plusieurs mois, dans la grande salle de l'avenue de Ségur au haut-commissariat, pour faire avancer le projet. Impossibilités, contre-propositions, ouvertures : graduellement, le nombre d'objections diminue, le consensus progresse. Il faut faire encore des concessions, mais le projet prend forme et, neuf mois plus tard, il voit le jour. Tout le monde est partant, ou presque. La Croix-Rouge en prend la responsabilité opérationnelle et trois sites pilotes se mettent en place en 2011, à Nancy, Nantes et Paris.

Si tout fonctionne correctement, et si l'expérience est déployée sur l'ensemble du territoire, cent mille très jeunes enfants, qui vivent dans les familles les moins aisées de France, pourront chaque année en bénéficier.

Cette expérience nous a donné une idée en cours de route : Martin Hirsch me propose de créer un *action tank* adossé à la chaire HEC, un « incubateur » de projets de social business, qui permettra de répliquer la démarche dans tous les domaines dans lesquels des modèles économiques peuvent apporter des solutions aux problèmes de la pauvreté et de la précarité.

Les idées qui y germent montrent toutes à quel point il est nécessaire de dialoguer, de déconstruire des barrières mentales, politiques, idéologiques, tant dans les entreprises que dans les institutions, autorités de tutelle, ONG, pour parvenir à résoudre ces problèmes concrets. Trouver une place pour chacun dans de vraies logiques d'alliance. Puis avoir la patience de voir se développer les expériences pilotes en les fortifiant régulièrement, réajuster en permanence. On ne tire pas sur les carottes pour les faire pousser, pas plus que sur les cheveux des enfants pour les faire grandir.

Début 2011, la Commission européenne lance un projet appelé « Healthy Aging (vieillir en bonne santé) 2020 ». L'objectif affiché est de prolonger de deux ans en moyenne l'autonomie des personnes agées en Europe d'ici la prochaine décennie. Le rôle de l'alimentation dans la lutte contre les symptômes du vieillissement étant désormais reconnu, Danone, leader européen de la nutrition médicale via sa filiale Nutricia Advanced Medical Nutrition, est convié au comité de pilotage de cette initiative qui, autour de deux commissaires, réunit à Bruxelles des ministres de pays membres de l'UE, d'éminents représentants du corps médical et associatif, et quelques dirigeants de très grandes entreprises. Nous y représentons le secteur de l'alimentation.

Le sujet est fondamental pour l'avenir de la société européenne, et pour ses finances publiques. Les axes de travail se dégagent assez vite. 2020, c'est demain. Compte tenu des délais, pour atteindre l'objectif, il ne s'agira pas d'innover, mais de combiner des approches existantes pour augmenter leur efficacité. Des projets prometteurs, mais incomplets. Je suis gêné par le fait que la posture de départ n'a été l'objet d'aucune discussion. Le prolongement de l'âge qui sous-tend l'augmentation de l'espérance de vie dans les pays démographiquement mûrs est une réalité sociale assumée collectivement sans qu'aucun débat sérieux ait lieu sur ses fondements, ses modalités et ses conséquences.

C'est que, pour être honnêtes, nous entrons à reculons dans la vieillesse. Nous voulons croire aux enfantillages du mythe de l'éternelle jeunesse, soumis que nous sommes à ce commandement : « Pour vivre, il faut être jeune. » Cela ne signifie pas seulement : « Vous avez le droit de rester jeune », ce qui est le commandement publicitaire explicite, mais aussi, de manière subliminale : « Pour avoir le droit de vivre, vous avez le devoir de rester jeune. » Totalitarisme. Nul ne débat de la pertinence de ce paradigme sous-jacent à la société de consommation. Sous peine de bannissement social, nos aînés sont condamnés à parodier la jeunesse. À l'âge où ils pourraient goûter aux fruits amers et doux (les uns vont-ils jamais sans les autres ?) de la maturité de l'être que donne l'érosion des jours, les voilà gesticulant comme s'ils étaient en pleine crise d'adolescence. Reconnaissons-le, au moins : c'est comme cela que nous les aimons, car ils nous font moins peur. Indépendants, autonomes, vivants, quoi ! Nous avons terriblement peur de les voir vieillir. Nous ne le voulons pas. Allons, soyons francs : pour eux, mais aussi pour nous ! Nous nous réjouissons de l'augmentation de l'espérance de vie, de leur vie, et de la nôtre. Mais s'est-on posé la question de savoir quel sens, humain, social, économique, a l'allongement de l'espérance de vie d'un an tous les quatre ans, au prix de cinq à sept mois supplémentaires de médicalisation par année ajoutée ?

Il faut imaginer l'angoisse d'une génération qui a vu le progrès technologique inverser le sens de la transmission du savoir : les petits-enfants expliquant à leurs grands-parents les règles de la socialisation liée désormais au téléphone portable, à internet, aux réseaux sociaux. Qui en vieillissant perd toute valeur monétaire, car elle ne « vaut » que par ce qu'elle consomme. Qui a déstructuré elle-même ses propres organisations familiales et sociales, alors que celles-ci assuraient tant bien que mal la pérennité du lien entre générations. Et qui ne peut que déplorer l'incapacité de ses enfants à lui assurer le gîte et le couvert, eux qui vivent célibataires, ou en famille recomposée, ou en communauté temporaire, soumis aux contraintes de la mobilité professionnelle et à l'exiguïté des habitats urbains. Qui découvre qu'il n'y aura pas d'argent pour payer une retraite que l'espérance de vie va faire durer un quart de siècle et qu'elle devra passer déracinée des structures sociales traditionnelles. Comment les rassurer lorsque l'on sait que les six derniers mois représentent en moyenne la moitié des dépenses de santé d'une vie entière ?

Oui, nos aînés avancent à reculons vers la frontière d'un inconnu dont nous passons notre vie à éviter d'approcher. Parler de la dépendance, la souffrance, la mort : interdit. Tabou ! L'injonction cathodique à consommer, à avoir, à accumuler, à satisfaire les besoins de notre sacro-saint individu nous interdit cette perspective. Et le mythe de la technologie nous permet de nous soumettre régressivement aux rêves de l'immortalité, d'imaginer que la séparation et la souffrance ne sont pas des fatalités. Qu'il est possible d'accéder au bonheur en les contournant et sans les traverser.

Les conséquences sociales et anthropologiques de ce refus du réel sont incalculables. Détruire le lien intergénérationnel, c'est détruire le lien social. Toutes les doctrines révolutionnaires le savent et s'y appliquent. Les enfants soldats des Khmers rouges dénonçaient leurs parents.

À l'inverse, que dire de ces sociétés de l'île de Bornéo où non seulement on conserve dans la salle commune des huttes sur pilotis la dépouille des défunts, assise ficelée sur une chaise, mais encore, par 90 % d'humidité ambiante, on recueille précieusement leur suintement qu'on donne à boire aux plus jeunes pour leur en transmettre la force et la sagesse ? Pour taxer d'obscurantisme de telles pratiques, qui sommes-nous, Occidentaux, lorsqu'on sait les extrémités de la barbarie que nos pensées de progrès, de science et de technologie nous ont amenés à toucher depuis deux siècles ?

Le père de l'actuel roi du Maroc disait : « Le jour où y sera posée la première pierre d'une maison de retraite, ce pays aura perdu son âme. » C'est pourtant aujourd'hui celles de nos parents les plus fortunés qu'on y construit. Mais si vous avez l'occasion de consulter, comme moi, le tableau de bord mensuel de gestion d'une maison de retraite confiée à un management spécialisé, doté de stock-options pour le compte d'un fonds de *private equity*, je crois que vous n'y placerez pas vos parents, même si vous en avez les moyens.

Et je fais une hypothèse de bon sens : les taux de rendement exigés par l'épargne d'une génération mal aimée, si excessifs qu'ils mettent au chômage ses enfants, ne seraient pas les mêmes si le pacte social et les modes de vie rétablissaient les uns et les autres dans une égale dignité. Cette immense angoisse existentielle explique sans doute aussi pourquoi l'épargne est aussi mal répartie. Dans tous les pays, une poignée de nantis en thésaurise la plus grande partie. Quelle place préparons-nous, dans une économie humanisée, aux plus jeunes, et aux plus âgés d'entre nous, tenant compte de l'intégralité de ce qu'ils sont, de la capacité de chacune, chacun à donner et à recevoir ?

Il est urgent de faire le seul choix possible pour reconstruire un contrat social autour de notre *oïkos* commun : faire une vraie place à la vieillesse dans nos sociétés, afin qu'il soit acceptable pour ceux et celles qui y entrent de participer, par la fiscalité de l'épargne et la fiscalisation des retraites, à l'indispensable effort à fournir en vue de l'éducation et la formation des plus jeunes, qui sont leur avenir.

Pour cela, il nous faut commencer par consentir, chaque jour, nous-mêmes, à vieillir. Car ce n'est même pas contre la vieillesse que nous luttons, mais contre le vieillissement. Je lutte désespérement contre le temps, au lieu d'accepter l'invitation qui m'est faite par la vie à entrer dans la durée. Pourtant, chaque jour vient limer doucement mes certitudes, et c'est à moi qu'il appartient d'en recueillir la poussière d'or.

« … car l'adolescence et le printemps de la vie sont vanité (…)
avant que s'obscurcissent le soleil et la lumière,
la lune et les étoiles,
et que les nuages reviennent après la pluie ;
au jour où tremblent les gardiens de la maison,
où se courbent les hommes vigoureux,
où les femmes, l'une après l'autre, cessent de moudre,
où le jour baisse aux fenêtres,

quand s'éteint la voix de la meule,
quand s'arrête le chant de l'oiseau,
et quand se taisent les chansons (...)
lorsque l'amandier est en fleur,
que la sauterelle s'alourdit,
et que le câprier laisse échapper son fruit (...)
avant que le fil d'argent se détache,
que la lampe d'or se brise,
que la cruche se casse à la fontaine,
que la poulie se fende sur le puits,
et que la poussière retourne à la terre comme elle en vint... »

L'Ecclésiaste (XI, 10-XII, 1-7)

Hôpital de Puteaux, unité de soins palliatifs, octobre 2004. Comme tous les vendredis à midi (enfin, presque), je franchis la porte du service pour quelques heures hors du temps. Au troisième étage, un havre de paix dans le vacarme de l'hôpital, un espace de silence dans le tohu-bohu de la semaine.

Le rôle des bénévoles est défini par la convention passée entre l'association des Petits Frères des Pauvres et le service de soins palliatifs : il s'agit d'« accompagner les personnes en fin de vie ». J'avais soif d'inutilité. J'ai trouvé ici la source de celle-ci. Une présence en creux.

La première fois, c'était dans les premiers jours d'août, deux ans auparavant. J'avais rencontré une dizaine de personnes, osant pousser la porte de chacune de leurs chambres. À mon retour de vacances à la fin du mois, huit d'entre elles étaient mortes. Un choc. Une infirmière m'avait expliqué que l'espérance de vie était d'environ trois semaines dans le service. Cancéreux en phase terminale, immigrés isolés loin de leur famille, et même sans-abri sortis de la rue ou prisonniers tirés de leur prison, pour finir leur vie moins seuls : pour chacune, chacun, s'écrit ici le dernier chapitre d'une histoire unique. Celle de sa vie.

Du déni en passant par la révolte, l'abattement, et parfois jusqu'au consentement, lorsque le temps est donné, ces femmes et ces hommes avancent sur un dernier chemin extraordinaire, où la vie reprend ses droits, dans un ultime éclat. Talent des mains qui continuent à dessiner, modèlent ou tricotent quand elles sont éveillées, avant de s'engourdir lentement. Gourmandise des lèvres à l'heure du goûter. Coquetterie de cette femme qui se fait belle « au cas où il viendrait », celui qui est déjà parti pour toujours, et me demande si je la trouve jolie. Histoires et tranches de vie qui sont convoquées au présent et se disent, simplement parce qu'il y a quelqu'un pour les entendre. Force de ces doigts qui serrent une main jusqu'aux ultimes instants, simplement parce qu'elle est là. La vie, jusqu'au bout.

Et puis cet endormissement du corps, de l'esprit, de tout l'être. Les métastases qui assombrissent les reflets de la peau, les lèvres desséchées qui ont soif, les esquarres cachées sous les draps. Lentement, les traits et les mains qui se creusent, le rose qui se nuance de bleu, comme au crépuscule, la vie qui se retire au plus profond de l'être, dont il ne reste plus qu'un souffle qui s'arrête, un matin ou un soir. Parfois simplement après la visite attendue depuis si longtemps, après Noël passé avec ceux qui sont venus, ou après les premiers bourgeons sur les marronniers, à la fenêtre, qui disent le retour du printemps.

Infinie légèreté de cette relation vouée à l'éphémère avant même d'exister. Rencontrer chaque personne et la quitter pour toujours, chaque fois. Densité des paroles, des gestes de tendresse, densité du silence. Lâcher-prise sur la relation. Juste ici et maintenant. Conscience de l'enjeu du temps présent, de l'instant qui passe. Son unicité, son universalité, son éternité.

Oui, mais l'ombre s'approche aussi, insidieuse, en quête de ce qui lui revient de ces instants. Ils semblaient pourtant voués à lui échapper, mais sa part n'est-elle pas irréductible ? Et elle la saisit au moment même où émerge la conscience de cet infini de la relation. La jouissance de ces rencontres délivrées de la durée, des viscissitudes de la fidélité dans la lourdeur du temps, de l'engagement incarné dans la glaise du réel, vient en moi en creuser le désir. Au point parfois que d'une semaine à l'autre, ce n'est plus tant la personne elle-même que je viens retrouver que l'expérience de ce trop-plein aux confins du vide, de cette apesanteur de l'existence, où le temps et l'espace sont en suspension, où pour quelques heures, je suis parfaitement inutile. En apnée d'être. Jusqu'où persévérer dans cette ambiguïté ? Je veux la reconnaître, ne tolérer aucun sentimentalisme, aucune fausse émotion, aucune fausse douleur. Le temps passe, Et puis un jour la coupe est pleine.

Alors, ce jour d'octobre 2004, je décide d'arrêter, après deux années passées ici. J'ai trop reçu pour accepter encore ce marché. Je ne veux pas être dupe de moi-même.

Un dernier regard sur cet endroit. « Accompagnement des personnes en fin de vie ». Je réalise combien ce sont elles qui m'ont accompagné sur mon chemin à moi. Un sentiment d'immense gratitude, qui va à chacune d'elles en ce qui nous unit : la vie. Qu'elle est belle, la lumière du regard de ceux qui ont consenti à faire leur demeure hors du temps. Qui ont rendu les armes de la toute-puissance. Qui vivent avec cette écharde au pied, au cœur, au corps, d'attendre, d'endurer, de savoir un peu moins chaque jour. Jusqu'à ne plus rien savoir, un jour. Ultime sagesse.

Voilà au fond ce que je suis venu chercher chaque semaine à l'hôpital de Puteaux. Là où la science cesse de se battre, là où la mort n'est plus son échec mais son aboutissement, lorsque la conscience cesse de lutter, le corps de se révolter, et que l'être acquiesce doucement à l'inéluctable contingence humaine. Tout au bout du temps et de la durée, à l'extrême limite de la vie, accompagner, contempler, entendre, toucher ce précieux consentement à la finitude. Apprivoiser sans doute aussi ces instants entre ciel et terre qui seront les miens.

À Nirmal Hriday, le foyer de mère Teresa à Delhi, j'avais pris l'habitude, après les soins du matin, de rester un moment dans la cour, à me chauffer aux rayons pâles du soleil d'hiver.

Le deuxième jour, un vieillard assis dans un coin se lève et s'approche doucement. Il me dit en anglais : « Viens, je veux te montrer quelque chose. » J'entends difficilement car il a les cordes vocales très abîmées. À tout petits pas, il m'entraîne dans le dortoir. En soulevant son matelas, il découvre une véritable bibliothèque, entreposée sur le treillis métallique du sommier. Son trésor. Il en sort un livre de format poche jauni, en anglais, sur la Révolution française. Nous nous asseyons sur le lit. Il a corné plusieurs pages du livre. Une à une, il les ouvre, me lit un court passage, entrecoupant chaque demi-phrase d'une respiration rauque et sifflante. À la fin de la lecture, il m'interroge, moi qui suis l'enfant lointain de cette révolution, sur le contexte et le sens des événements. Je n'en reviens pas…

Au fil du temps, je découvre son histoire. Employé de bureau, un jour, il a pris le train pour rejoindre sa famille. Il était sur le marchepied, avec d'autres, car le train était bondé. Il a perdu l'équilibre, est tombé du convoi en marche et a roulé en bas du talus. Personne ne s'en est aperçu. Il s'est blessé grièvement. Il a rejoint la ville et, sans ressources, y a survécu sur un trottoir. Un jour, les petites sœurs de mère Teresa l'ont trouvé inconscient dans le caniveau, à bout de forces. Depuis quatorze ans, il vit dans ce foyer, sans nouvelles de sa famille. *Now, this is my home*, conclut-il sans amertume, de son petit rire écorché et en hochant la tête.

D'une écriture tremblante et appliquée, il prend le soin de m'épeler son nom sur un petit papier : Omperkesh. Me demande le mien. Nous parlerons beaucoup. Quand nous nous quittons à la fin de la semaine, il me dit d'une voix forte et éraillée : « *God bless you, Imanuel.* » Un silence et il ajoute, l'air malicieux : « Tu sais ce que veut dire ton nom en hébreu ? »

Je vais repartir, il va rester.

Quand nous nous revoyons, deux ans plus tard, au même endroit, nous rions comme au premier jour – à vrai dire, comme le seul jour –, et nos mains se retrouvent sans s'être quittées vraiment. Ni hier ni demain n'existent dans la vie précieuse d'Omperkesh. Seul aujourd'hui.

Sa main qui tremble est posée sur ma tête. Il rit : « *God with you !* »

Mains de nos aînés. Les mains de Daniel Carasso, le fondateur de Danone. Mort récemment, à cent ans passés. Sa silhouette longiligne, à peine voûtée, nous semblait à tous éternelle. Sa façon si personnelle, au sortir d'une réunion du conseil, de vous regarder dans les yeux, de vous mettre une grande main gauche affectueuse sur la nuque, puis l'autre à droite, et là, s'appuyant sur vos épaules et vous tenant la tête fermement dans la direction de ses questions et de ses réponses (car il avait les deux), traversant votre regard, plus loin que vous, avec un demi-siècle d'avance déjà : « Alors, comment ça va, mon petit ? C'est bien, tout ce que vous faites. Tu crois que ça va marcher ?... Oui, moi, je crois que ça va marcher... C'est bien tout ça. »

L'accolade fraternelle de Chico Whitaker dans un *abrazo fuerte*.

La paume des deux mains de Pierre Rabhi enserrant mon visage, pour une bénédiction d'homme à homme, dans des retrouvailles ou des séparations d'un an comme d'un jour.

Mains qui savent la vie. Qui ont connu la fureur de prendre, la jouissance de tenir, la peur de lâcher, le chemin de dépossession du quotidien. Mains qui savent qu'elles recevront à la mesure de ce qu'elles donnent, qu'elles ne prendront désormais plus que ce qui leur sera laissé. Le seul privilège de l'âge. Cette chance du retour vers soi-même, « heureux qui comme Ulysse a fait un beau voyage ».

Mais comment puis-je parler d'un âge que je ne connais pas, sans m'y avancer moi-même, en affrontant cette ultime métamorphose, la seule, peut-être, pour laquelle je sois en vie ? Accepter cette couleur d'un automne sans fin qui teint doucement chaque journée, chaque saison, ces rides dont l'accentuation quotidienne est imperceptible, qui ne sont que les traces des rires, des sourires et des larmes de la vie. Aucune n'est perdue, puisque chacune sculpte le visage de l'éternité.

Le temps est à l'œuvre pour me faire entrer dans la durée. Me sera-t-il donné de consentir à son expérience ?

> « Lent retour de l'âme vers ses terres : la vie enfin, telle qu'en elle-même, oisive et patiente. Abondante et mortelle. »
>
> Christian Bobin

> « Ce qui n'est pas, c'est l'océan et la terre – séparés –, mais ce qui est, c'est la grève où ils se rencontrent, les tapis de sable qui roulent et déroulent sans se lasser leurs vagues, l'espace de leurs jeux violents et doux. (...)
> Ce qui n'est pas, c'est toi et moi – séparés – et ce qui est, c'est tout ce qui nous relie, tout le champ fluctuant entre nos consciences, cette intensité, cette immensité que nous partageons, tendue comme une vaste voilure entre Dieu, les choses et les êtres. (...)
> Les entités, les choses, les êtres n'existent pas ; ce qui existe, c'est le souffle qui les mêle et les soulève. (...) »
>
> Christiane Singer

Saint-Véran, Hautes-Alpes, un mois d'août. Allongé sur les planches de mélèze gris, leurs nervures creusées par les saisons sous mes paumes posées à plat, les doigts engourdis. Repos après la lutte à bras-le-corps avec le rocher, la danse sur les dalles de pierre, le vide qui s'ouvre et avale la corde, le vent sur l'arête sommitale, la descente qui brise les jambes et où naît déjà le désir de la prochaine échappée vers le ciel.

C'est une terrasse perchée sur l'alpage, au-dessus du village, surplombée par les structures de bois d'un chalet que d'autres ont construit, avec les ruines de deux fermes écroulées par une avalanche, un peu plus bas dans la vallée. Très au-dessus encore, le toit et ses deux immenses jets de mélèze. Gouttières qui les jours d'orage lancent l'eau loin, de là-haut, à l'aplomb de l'alpage, en contrebas. Elles ancrent l'ensemble dans l'océan du ciel.

L'ombre de l'une d'elles passe lentement sur mon visage. Les yeux entrouverts, éclipse de soleil. Et soudain apparaît la danse de centaines de particules, brillantes par transparence dans ce halo de lumière : insectes, poussières, graminées scintillantes, peuple invisible entre ciel et terre, chassé par la brise chaude qui remonte le long des pentes. Le fil d'argent d'une araignée flotte majestueusement dans l'air comme un filament lumineux de méduse entre deux eaux. Ballet céleste et silencieux, invisible, rayé par un vol d'oiseau qui relie l'infiniment petit à l'infiniment grand : sur la toile de fond azur, les nuages d'été n'en finissent pas d'entrelacer leurs volutes qui s'évanouissent dans l'éther juste avant de se toucher. Un ange peint le plafond de la chapelle Sixtine dans le ciel du Queyras.

Demain sera le premier matin du reste de ma vie : que vais-je en faire ?

Composition : IGS-CP
Impression : Imprimerie Floch, octobre 2012
Éditions Albin Michel
22, rue Huyghens, 75014 Paris
www.albin-michel.fr
ISBN : 978-2-226-23856-6
N° d'édition : 20008/07. – N° d'impression : 83466.
Dépôt légal : novembre 2011.
Imprimé en France.